ARBEITSHEFTE
**FÜHRUNGS-
PSYCHOLOGIE**

BAND 6

Herausgeber
Prof. Dr. Gerhard Raab
Nicolas Crisand

Antje Stroebe · Dr. Rainer W. Stroebe

Besprechungen gestalten

Zielorientiert, motivierend, konfliktarm

10., überarbeitete Auflage 2024

WINDMÜHLE
EDITION BEI FELDHAUS

ISBN 978-3-86451-094-6

FELDHAUS VERLAG GmbH & Co. KG
Postfach 73 02 40
22122 Hamburg
Telefon +49 40 679430-0
Fax +49 40 67943030
post@edition-windmuehle.de
www.edition-windmuehle.de

Satz und Gestaltung: FELDHAUS VERLAG, Hamburg
Herstellung: WERTDRUCK, Hamburg

Bibliografische Information der Deutschen Nationalbibliothek
Die Deutsche Nationalbibliothek verzeichnet diese Publikation in der Deutschen Nationalbibliographie; detaillierte bibliografische Daten sind im Internet über http://dnb.d-nb.de abrufbar.

Vorwort

Je höher die Position, desto mehr Zeit wird durch Besprechungen beansprucht: Besprechungen sind ein Ort von Führung; in ihnen zeigt sich die Führungskultur eines Unternehmens.

Haben Sie einmal errechnet, was eine Ihrer Besprechungen kostet? Rechnet sie sich? Würde ein Kunde, würden Sie für den Wert dieser Besprechungen bar bezahlen? Was geschieht, wenn ein bestimmtes Routine-Meeting nicht mehr stattfindet?

Wird in Ihrem Unternehmen von »Sitzungen« gesprochen? Vorsicht: Woher kommt dieser Begriff? Weil die Teilnehmer sitzen, etwas aussitzen...? Ein unbekannter Spötter meint dazu: »Die meisten Entscheidungen werden im Sitzen gefällt. Der Stuhl als Sitzmöbel und Aktivierer der Hirnfunktion dient der Entbindung des Geistes von der Last des Körpers.« Wie wäre es denn mit einer »Stehung«?

Wie wäre es mit »Beratung«? Am Lindauer Rathaus ist zu lesen: »Beim Rat weil. Zur Tat eil.«

Außerdem: Gibt es am Ende von Beratungen nicht häufig »diffusion of responsibility«? Warum werden von den eigentlich Verantwortlichen mitunter keine Einzelentscheidungen gefällt, auf die in Organisationen sehnlich gewartet wird? Das Krisengremium von Innen- und Gesundheitsministerium hielt 2021 98 »Sitzungen« ab – es wurde viel geredet und wenig entschieden.

Wenn schon eine Besprechung notwendig ist: Was wird die Konsequenz, die Entscheidung sein, in der sich Denken und Handeln vereinen?

Hier exemplarische Fragen aus der Praxis, auf die Sie in diesem Buch Antworten erhalten:

- Wie reduziere ich die Zeit für Meetings um mindestens 30 %?
- Wie bringe ich als Moderator die Beratung in der vereinbarten Zeit zum Ergebnis?
- Wie erreiche ich, dass das Protokoll am Besprechungsende abgestimmt und unterschrieben »steht« und allen Teilnehmern vorliegt?
- In welche fünf Phasen gliedere ich eine Besprechung – auch bei Kunden?
- Wie reduziere ich den »Quassel-Index« und wie erhöhe ich den »Zivilisationsfaktor«, indem ich die Unterbrechungen verringere?
- Wie führe ich eine Besprechung so, dass sie zum Modell des gewünschten Führungsverhaltens wird?

Falsch konzipierte Besprechungen sind wie Baggern: Zuerst leistet man tiefschürfende Arbeit, dann wird alles gekippt. Solche Besprechungen sind fruchtlos!

Strukturierte Verfahren reduzieren das Risiko kostspieliger Fehlgriffe.

Wertschöpfende Besprechungen dagegen sind sorgfältig organisierte Kommunikationsveranstaltungen zum verantwortlichen Beantworten präziser, konkreter Fragen, um messbare Besprechungs- und Projektziele zu erreichen.

Wertschöpfende Besprechungen schließen ab mit einer abgestimmten Entscheidung und einem Aktionsplan.

Die fünf Phasen einer Besprechung

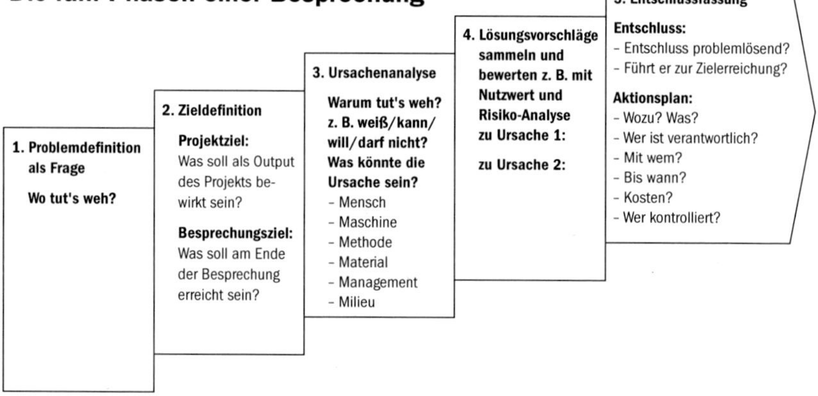

Wir danken den Teilnehmern an den Seminaren »Konflikt-Management in Besprechungen, Gesprächen und Verhandlungen«. Durch ihre bohrenden, präzisen und sehr konkret an ihrer täglichen Praxis orientierten Fragen haben sie entscheidend zur Entwicklung einer zeitgemäßen Besprechungsmethodik beigetragen.

In diesem Buch wird vermittelt, wie wirklich zwingend erforderliche Beratungen zeit-, energie- und kostensparender gestaltet werden – wie dieses Beispiel zeigt:

»Bin nach dem Seminar direkt zu einem internationalen Meeting nach Malaysia geflogen und habe dort die Besprechungen nach den fünf Phasen geleitet. Es dauerte einige Zeit, bis wir die Problemdefinition und die Zielformulierung ausgearbeitet hatten. Aber danach ging es richtig flott voran. Das Ergebnis war, dass wir am Donnerstagabend schon fertig waren. Anstatt den Freitag noch in der Firma zu verbringen, habe ich die Teilnehmer zu einer Penang-Inseltour eingeladen, was auch super ankam. Ich glaube, wir sind nach einem Meeting noch nie so relaxt nach Hause geflogen. Im Nachhinein betrachtet, habe ich am Ende des Seminars die Einsparung für die Firma viel zu niedrig angesetzt.« (Arnold Brugger, Aesculap AG, Tuttlingen)

Wir wünschen Ihnen ähnliche Erfolgserlebnisse!

Zum Schluss noch eine Anmerkung: Wegen der besseren Lesbarkeit wird bei Personenbezeichnungen und personenbezogenen Hauptwörtern im Buch meist die männliche Form verwendet. Die verkürzte Sprachform hat allein redaktionelle Gründe – selbstverständlich sind alle geschlechtlichen Identitäten gemeint und mögen sich bitte angesprochen fühlen.

Antje und Rainer W. Stroebe

München/Wörthsee, im Herbst 2024

Inhaltsverzeichnis

1 Bedeutung, Problematik und Kosten der Kommunikation in Besprechungen

»Meetings werden störend oft empfunden,
weil sie mit vertaner Zeit verbunden.«
(nach Wilhelm Busch)

Eine Besprechung ist unmöglich mit jemandem,
der vorgibt, eine Wahrheit nicht zu suchen,
sondern sie schon zu besitzen.

»Wie geht's dem Chef?«
»Danke, schlecht.«
»Nanu? Schwierigkeiten?«
»Ja. Er ist ganz verzweifelt. Wir ersticken in Aufträgen. Seit Wochen konnte er keine Konferenz mehr abhalten.«

Fragt der Berater: »Wie viele Menschen arbeiten in Ihrer Firma«? Der Unternehmer antwortet: »Die Hälfte – die anderen sind in Sitzungen!«

Streng wissenschaftlich formuliert dieses Phänomen Prof. Th. O. Salbaderer: »Sitzungsbetrieb ist die Synthese zwischen Produktions- und Konsumsphäre, die Vereinigung von Arbeit und Freizeit in einer zweckfreien Betätigung, die der Selbstbestätigung der Teilnehmer dient. In Sitzungen erfolgt die Befreiung von den Sachzwängen des Arbeitsprozesses. Daraus ergibt sich die langatmige Selbstverständlichkeit, die zum sitzungsbetrieblichen Perpetuum mobile führt.«

Sitzungen sind die breitenwirksamste Arbeitsbeschaffungsmaßnahme.

Die Teilnahme an Besprechungen ist der weitaus wichtigste Karrierefaktor: »Sitzungspotenz« als Auswahlkriterium.

Schon Parkinson wusste: »Die Königsdisziplin im Verschwenden von Zeit und Kraft heißt Einberufen von ›Sitzungen‹, wo nichts entschieden wird, außer andere Sitzungen einzuberufen.«

Hauptbeschäftigung Reden – so kann man die Analyse einer Arbeitswoche verschiedener Führungskräfte zusammenfassen. Der Anteil verbaler Kontakte an der Arbeitszeit von Führungskräften beträgt (nach O. Neuberger) zwischen 30 und 70 Prozent.

Die Folgerung:

Je höher die Position, desto mehr Zeit wird durch Besprechungen und Kontaktgespräche beansprucht: **Besprechungen sind ein Ort von Führung. In ihnen zeigt sich Führungskultur.**

Acht Prinzipien des Führungserfolgs

- Klären: »Was ist gut und richtig für das Unternehmen?«
- Sich und andere fragen: »Was muss erreicht werden?«
- Mehr auf Chancen konentrieren als auf Risiken.
- Verantwortung für Entscheidungen übernehmen.
- Kommunikatin sicherstellen (dirca 80 % mündlich).
- **Besprechungen effektiv führen.**
- **Denken und sprechen: »Wir« nicht »Ich«.**
- Aktionspläne schmieden (lassen).

Wie kommt es zu dem hohen Anteil für Besprechungen?

Eine mögliche Erklärung dafür liefert Mintzberg: Top-Manager sehen immer noch eine Schlüsselrolle darin, »externe Informationen (die sie oft nur aufgrund ihrer Stellung erhalten) an die Mitarbeiter weiterzuleiten«. Solche weichen Informationen bestehen aus Klatsch, Gerede, Spekulationen. »Der Grund liegt in der Aktualität. Klatsch von heute kann Tatsache von morgen sein. Ein Manager, der nicht für den Telefon-Anrufer zu sprechen ist, der ihn über eine Golfpartie seines größten Kunden mit seinem Hauptkonkurrenten informieren wollte, könnte unter Umständen in seinem nächsten Quartalsbericht von einem dramatischen Umsatzrückgang lesen.«

Die Vorliebe der Manager für verbale Kommunikation wirft allerdings zwei Probleme auf:

- Verbale Informationen werden in menschlichen Gehirnen gespeichert. Nur wenn die Menschen diese Informationen aufschreiben, können sie im Unternehmen erfasst werden. Aber offenbar halten Manager nur wenig von dem, was sie hören, schriftlich fest. So befindet sich die strategische Datenbank des Unternehmens nicht im digitalen Speicher, sondern in den Köpfen der Manager.
- Die Bevorzugung verbaler Kommunikation erklärt, warum Manager ungern Aufgaben delegieren. Sie können dem Mitarbeiter nicht einfach Unterlagen übergeben. Sie müssen sich Zeit nehmen, ihm alles zu erzählen, was sie über ein Problem wissen. Aber das dauert unter Umständen so lange, dass der Manager die Aufgabe lieber selbst erledigt. So ist der Manager durch sein eigenes Informationssystem zum Delegations-Dilemma verdammt (vgl. »Arbeitsmethodik – Energie-, Zeit- und Stress-Management«, Band 7 dieser Reihe).

Während der Untersuchung fiel auf, dass sich die Top-Manager (alle sehr kompetent) grundsätzlich nicht von ihren Vorgängern vor 100 Jahren (oder gar vor 1000 Jahren) unterscheiden. Die Informationen, die sie brauchen, sind unterschiedlich, aber sie werden auf dieselbe Weise gesucht und vermittelt – durch das gesprochene Wort.

John Naisbitt: »Wir ertrinken in Informationen und hungern nach Wissen.«

Der Glaube an den Wert »weicher« Informationen findet sich auch in der Aussage: »The value of a Conference is not the programme itself but the people one meets.« (M. Finniston) Und das, obwohl Informationen heute via Internet übermittelt werden können – nur zum Vernetzen der Gedanken für Entscheidungen müssen Menschen heute noch verreisen, um sich zu treffen.

F. Malik: Informationen laufen zwischen zwei Modems – Wissen befindet sich zwischen zwei Ohren.

Wie schnell ist das Gehirn durch ein Übermaß an Information überfordert?

> **Sind Sie einsam?**
>
> Sind Sie es leid, allein zu arbeiten?
> Hassen Sie es, Entscheidungen zu treffen?
>
> **Gehen Sie zu einer Besprechung!**
>
> Sie können dort:
> - Menschen treffen
> - Flipcharts kreieren
> - sich wichtig fühlen
> - Ihre Kollegen beeindrucken oder langweilen
> - Kaffeetrinken
> - in Frieden schlafen
>
> All dies während der Arbeitszeit.
>
> **Besprechungen** – die praktische Alternative zur Arbeit!

Quelle unbekannt (USA)

»The dark side of councils: If everything is said more is said than done.«

Wie steht es mit der finanziellen Seite?

Eine junge Managerin hängt an die Tür des Besprechungsraums ein Flipchart »Herzlich Willkommen zur 3000-Euro-Beratung.«

Ein Abteilungsleiter fertigt das Schild:

Ich bin

Teil der Lösung

Teil des Problems

Wann machen Sie es nach?

Zum finanziellen Aufwand für Besprechungen einige – sicherlich »weiche« – Informationen:

» ... kostet das große Management-Palaver in der Bundesrepublik allwöchentlich geschätzte 400 Millionen Euro.« (Wirtschaftswoche) »Bei der französischen Elektromaschinenfabrik Merlin-Gerin gab es erstaunte Gesichter. Die Personalabteilung führte ein Jahr lang über jede Konferenz des Managements Buch und multiplizierte die Stunden mit den Gehältern der Bosse. Resultat: Der Betrag war so hoch wie die Dividende.«

Werden zusätzlich die Reisekosten berücksichtigt, so ist zu fragen:

»Warum verreise ich, statt mittels einer Online-Konferenz meine Gedanken, mein Wissen verreisen zu lassen?«

Caspar Busse, SZ: »Konzerne planen, auch in Zukunft die Reisezeit ihrer Mitarbeiter um bis zu 50 % zu reduzieren. Die Kostenersparnis ist gewaltig. Viele Reisen sind überflüssig und teuer. Andere Formen der Kommunikation sind effizienter und billiger. Video-Calls mit MS-Teams, ZOOM und anderen funktionieren in der Regel einfach, schnell und reibungslos. Die Besprechungen sind strukturierter und ergebnisorientiert.«

Haben Sie einmal errechnen (und mitteilen) lassen, was eine Ihrer Besprechungen schätzungsweise kostet? Manche Besprechung kostet mehr, als ihr Ergebnis bringt. Hier eine Arbeitshilfe:

Besprechungen pro Woche	Art der Besprechung	meine Funktion	Anzahl Teilnehmer	Teilnehmer-kosten in €	Zeit-aufwand	Wertschöpfung (Ertrag)
die ich veranlasse						
an denen ich teilnehme						

Mit Hilfe von Besprechungskostenzählern können Sie die Wirtschaftlichkeit von Besprechungen berechnen. Beispielsweise mit den folgenden Tools:

http://www.machskurz.de/besprechungsrechner.htm

http://vanessagiese.de/meetings/
(inklusive der Anzahl der getroffenen Entscheidungen)

https://klaxoon.com/de/meeting-cost
Bei diesem tool kann die Vorbereitungszeit und sonstige Kosten mit erfasst werden.

Für alle, die es ganz genau wissen wollen, oder die ihrem Controller eine Freude bereiten möchten, hier eine Formel:

Gesamtkosten für eine Stunde Besprechung (W. Gerfen, S. 12/13)

$$G\ [€/Std.] = \frac{[(VK+ZK+TG+ÜG) + (R-B) \cdot (1-k) \cdot AK] \cdot T}{B}$$

VK [€]	=	Kosten für gewähltes Verkehrsmittel
ZK [€]	=	Zubringerkosten, sonstige Nebenkosten
TG [€]	=	Tagegeld
ÜG [€]	=	Übernachtungsgeld
R [Std.]	=	Gesamte Abwesenheitsdauer vom Arbeitsplatz
B [Std.]	=	Effektive Besprechungsdauer
k	=	Anteil (0...0,5...) der Reisedauer (R–B), die effektiv/produktiv genutzt werden kann
AK [€/Std.]	=	Arbeitskosten pro Std.
T	=	Anzahl der Teilnehmer

Bei einer entsprechenden Anreise von Frankfurt z. B. nach Rom ergeben sich pro Stunde Kosten von ca. 2400 €.

Den nach diesem Prinzip ermittelten Besprechungskosten sind die Kosten für die **Nutzung von Online-Einrichtungen** gegenüberzustellen. Die hierbei zu berücksichtigenden Kostenelemente sind

- Planungs- und Implementierungskosten.
- Raumkosten,
- Kosten der technischen Einrichtungen,
- Abschreibungszeit,
- Nutzungshäufigkeit,
- Personalkosten,
- Verbindungs- und sonstige Gebühren.

Berücksichtigt man das zur Realisierung der technischen Grundleistungsmerkmale für zwei Videokonferenz-Endstellen derzeit erforderliche mittlere Gesamtinvestitionsvolumen, so ergibt sich im Zusammenhang mit den geltenden Entgelten sowohl für nationale als auch für internationale Videokonferenzen ein Kostenvorteil gegenüber konventionellen Geschäftsreisen selbst bei relativ geringer Nutzungshäufigkeit. Bei hoher Nutzungsfrequenz ist die Nutzung privater Videokonferenz-Endstellen eine eindeutig kostensparende Alternative zu konventionellen Geschäftsreisen.

Es sind aber nicht nur die Kosten, die zu beachten sind:

»Die Inflation von Konferenzen führt zu einem seltsamen Selbstschutz: Viele der Befragten geben vor, dass sie am Konferenztisch nicht nur reden oder zuhören. Sie führen dort sehr häufig Informationsgespräche oder entspannen sich gar ...«. W. Kuriert: »Eine Sitzung ist der Sieg des Hinterns über den Verstand.«

Deutlich kritisieren viele Befragte die Flut von Besprechungen: »Bei der Vorbereitung der firmeninternen Besprechungen ist nichts von der Präzision und der Disziplin festzustellen, die auf die Planung der Produktion angewandt wird«, stellt die Kieler Kybernetica GmbH aufgrund einer Umfrage fest, die sie anlässlich von Seminaren mit 200 Führungskräften und Unternehmen über deren Besprechungen veranstaltet hat. Drei Viertel der Unternehmensleiter bestätigten, dass in ihren firmeninternen Meetings wichtige und zweitrangige Fragen die gleiche Zeit beanspruchen, und 60 % gaben zu, dass in der Regel kein festes Besprechungsziel festgelegt würde. Zwei Drittel schließlich räumten ein, sich nur unzureichend auf die Sitzungen vorzubereiten (Handelsblatt, »Zeitvergeudung durch Besprechungen«).

Schwierigkeiten bei Besprechungen

- 25 % der Befragten nehmen an Besprechungen teil, die mit ihrer Aufgabe nichts zu tun haben.
- 36 % der Besprechungen fangen verspätet an und überziehen die vereinbarte Zeit.
- 41 % der deutschen Smartphone-Nutzer erledigen Privates. 72 % fühlen sich dadurch gestört.
- 20 % verschicken alle 30 Minuten drei oder mehr E-Mails
- 50 % der Protokolle werden nicht gelesen.
- Besprechungsmethodik fehlt.

Insbesondere Führungskräfte in Großunternehmen klagen darüber, dass sie zu viel Zeit mit Besprechungen innerhalb des Geschäftsbereichs verbringen (außerdem mit Lesen und Telefonieren). Andererseits haben sie zu wenig Zeit für Einzelgespräche mit Mitarbeitern und Geschäftspartnern (sowie für das Lesen von Fachliteratur: Warum delegieren Sie dies nicht an ihre Mitarbeiter?). 76 % von 850 Managern bemängeln das ungesunde Verhältnis von Zeitaufwand und Nutzen (Strategie-Forum, Hannover). Jeder zweite Manager vermisst konkrete Ergebnisse am Besprechungsende. So wird die Forderung verständlich: Entscheidungen statt Meetings. Erklärt ein Vorstand seinem Management-Council: »Wir sind hier ein Entscheidungsgremium – keine Informationsveranstaltung.« Wie wäre es, wenn mehr Einzelentscheidungen gefällt würden? Zumindest in Situationen, in denen alle auf eine Entscheidung warten und niemand durch die Entscheidung demotiviert wird. Diese Beispiele zeigen, welche Probleme die eher zu- als abnehmende Flut von Meetings mit sich bringt und welche Bedeutung damit unserem Thema zukommt.

Schon im Western »12 Uhr Mittags« klagt der Marshal: »Bevor sie etwas unternehmen, brauchen sie viel Zeit, um darüber zu reden.«

Natürlich sind Besprechungen nicht nur negativ zu bewerten: Stellen wir am Ende dieses Abschnitts »Bedeutung, Problematik und Kosten der Kommunikation in Besprechungen« einige **Argumente für und gegen Besprechungen** zusammen:

Pro Besprechungen	Kontra Besprechungen
Gruppenentscheidungen von allen Mitverantwortlichen werden engagierter umgesetzt.	Gruppen werden missbraucht, weil Entscheidungsbefugte die Verantwortung scheuen. Dies führt zu »diffusion of responsibility«.
Die optimale Gruppengröße von etwa fünf bis neun Personen reicht meist aus, um die Vertreter verschiedener Ansichten zu versammeln.	Es kommt bei Besprechungen um so weniger heraus, je mehr Personen teilnehmen. Tom De Marco: »Wie um Himmels willen diskutieren mehr als maximal neun Personen?«
Die richtigen Personen sind diejenigen, die ein Problem lösen können.	Oft diskutieren die falschen Personen (helfen sie bei der Lösung, oder werden sie selbst zum Problem?) zur falschen Zeit über das falsche Thema. Besprechungen müssen intensiv vorbereitet werden.
Wo es zu einer Frage mehrere Ansichten gibt, ist es wichtig, diese miteinander zu konfrontieren und um einen Konsens zu ringen.	Das Für und Wider wird immer undurchsichtiger. Meinungen überwuchern die Informationen.
Welcher Frage und welcher Antwort tut eine andere Perspektive gut?	Perspektivenwechsel wird militant abgeblockt.
In Besprechungen kann man lernen, Sachargumente gut zu vermitteln und aus den Ideen das Brauchbare herauszukristallisieren.	Oft brillieren wortgewandte Rhetoriker, die ihre Argumente fix und fertig parat haben und sie gut »verkaufen«. Das sind nicht immer diejenigen, die am sachlichsten argumentieren – ihnen ist zu wünschen: »Von jedem unnützen Wort ist Rechenschaft zu geben.« (Matthäus 12, Vers 1)
Durch Diskussionen gewöhnt man sich daran, dass es auf alle komplexen Fragen mehrere Antworten gibt. Keine davon ist allein seligmachend und keine absolut zu verdammen: »Ich wusste nicht, was ich fragte, bevor ich deine Antwort hörte.«	Manche Teilnehmer werden verunsichert: Diskussionen verdeutlichen, dass es mehr als eine Wahrheit gibt.
Man kann einen Sport daraus machen, die Ideen der anderen mit den eigenen zu einem neuen Ganzen zu vereinen: These, Antithese → Synthese.	In Besprechungen verzettelt man sich häufig in Details. Selten wird versucht, aus einzelnen Gedanken eine schlüssige Entscheidung zu formen.
Die Überzeugung, dass jedes Problem (zumindest teilweise) gelöst werden kann, wird durch positive Ergebnisse aus Gruppendiskussionen belegt	Viele Teilnehmer picken aus 100 Gedanken sofort die fünf heraus, die nicht ganz stichhaltig sind. Die restlichen 95 bleiben unbeachtet. Häufig überlegt man, warum etwas nicht geht. Oder man sagt: »Das hat ja doch keinen Sinn« und verpasst dadurch viele Chancen.
Besprechungen sind dazu da, ein optimales Ergebnis zu bringen; nicht ein maximales, das ein für alle Mal gilt.	Der Drang, alles perfektionistisch und für alle Ewigkeit zu klären, ist zu kostspielig. Er bringt rechthaberische Schärfe und pedantische Streitsucht mit sich.
Wer an einer Problemlösung mitwirkt, kann seine Ideen beitragen. Außerdem: Er wird engagiert mitwirken, um die Entscheidung zu realisieren.	»Viele Köche verderben den Brei«: Im Team unterwerfen sich die Begabten den Mittelmäßigen – so ist Mittelmäßigkeit das, worauf sich ein Kongress von Begabten einigen kann.
Der Moderator führt eine Entscheidung herbei.	
Der Protokollführer sorgt für das Real-Time-Protokoll.	

Gegen lange Meetings spricht, dass sich Vernunft bei Verständigungsprozessen »verbraucht«. Deswegen: Keine Beratung ohne Konsequenz, in der sich Denken und Handeln vereinen.

Am schlimmsten ist es allerdings, wenn keine Besprechung stattfindet, weil niemand merkt, dass es ein Problem gibt!

Einige Gefahren in Besprechungen

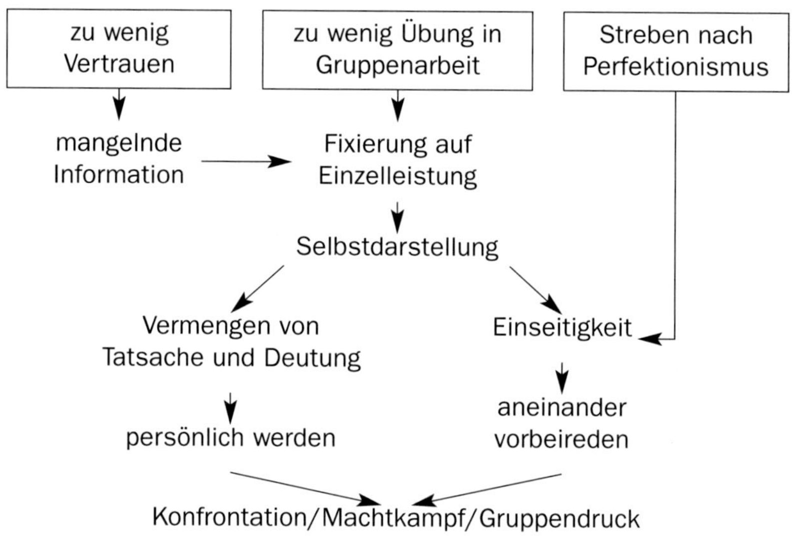

»Wenn alles schläft und einer spricht, ist Meeting-Pflicht.«

Bis hierher haben wir die **Problemdefinition dieses Buchs** herausgearbeitet. Sie lautet:

- Wie kann die Zahl der Besprechungen reduziert werden?
- Wie können Besprechungen rationeller und motivierender gestaltet werden? (Ohne dass sich jemand fragt: Warum sitze ich hier nur, wo ich doch Wichtigeres zu tun habe?)

Außerdem werden Ihnen zum Beispiel die folgenden Fragen beantwortet:

- Wie reduziere ich die Zeit für Meetings um mindestens 30 %?
- Wie kann ich als Moderator die Besprechung in der vereinbarten Zeit zu einem gemeinsamen Ergebnis bringen? Wie werde ich als Moderator exzellent?
- In welche Phasen gliedere ich eine Besprechung – auch bei Kunden?
- Wie erreiche ich, dass das Protokoll am Ende der Besprechung abgestimmt (unterschrieben) »steht« und jeder Teilnehmer es mitnimmt?
- Wie kann ich (auch als Teilnehmer) Besprechungen so beeinflussen, dass sie in der vereinbarten Zeit zum Ergebnis führen?
- Wie halte ich in Meetings positive Spannung aufrecht?
  - Was mache ich, wenn Teilnehmer nicht zuhören?
  - Wie erkenne ich, dass ich die Teilnehmer »verloren« habe?
  - Wie halte ich »Quasselstrippen« kurz, ohne dass sie sauer werden? Wie bringe ich einen Debattier-Klub zum Ziel?
  - Was tue ich, wenn die gleichen Argumente ständig wiederholt werden?
- Was mache ich mit »Motzern«? Wie fange ich sie ein?
- Wie verhalte ich mich, wenn Besprechungsteilnehmer aggressiv werden?
- Wie reduziere ich Unterbrechungen und erhöhe damit den »Zivilisationsfaktor« der Teilnehmer?
- Wie führe ich eine Besprechung so, dass sie zum Modell des gewünschten Führungsverhaltens wird?
- Was kann ich beitragen, um Output und Lebensqualität in Besprechungen zu optimieren?
- Was kann ich tun, um ein besserer Besprechungsteilnehmer zu werden?
- Wann wähle ich eine andere Kommunikationsform?
- Wann Präsenz-, wann Online-Format?

Ziele

Sie verfügen über folgende Voraussetzungen:

- Besprechungen sind personell, technisch/organisatorisch und inhaltlich besser vorbereitet.
- Besprechungen sind in 30 % kürzerer Zeit zu Ergebnissen geführt.
- Sie selbst veranlassen weniger Besprechungen und nehmen an weniger Besprechungen teil. 30 % Ihrer Besprechungen sind abgesagt.
- Das Besprechungsklima ist verbessert.
- Besprechungsergebnisse sind visualisiert. Die Protokollführung ist rationalisiert.
- Auf störendes Verhalten von Teilnehmern wird situationsgerecht (re-)agiert.
- Besprechungen sind durch fünf Phasen strukturiert.
- Die für einen erfolgreichen Moderator wesentlichen Lenkungstechniken werden eingesetzt.
- Besprechungsgruppen werden gezielt beobachtet, die Beobachtungsergebnisse ausgewertet und konkrete Folgerungen für Verbesserungen abgeleitet.
- Verhalten in Gruppen wird als befriedigend und effizient bzw. als unbefriedigend und ineffizient erkannt. Gründe dafür werden genannt sowie Verhaltensalternativen vorgeschlagen.
- Jede Besprechung wird nachbereitet.
- Mit 30 % weniger Aufwand (Zeit, Kosten, Energie) wird eine bessere Ergebnis- und Entscheidungsqualität erzielt.

2 Arten von Besprechungen und alternative Kommunikationsformen

Nachdem wir im ersten Kapitel die Bedeutung, Problematik und die entstehenden Kosten von Besprechungen thematisiert haben, geht es jetzt darum zu prüfen:

- Ist eine Besprechung überhaupt das richtige Kommunikationsinstrument?*
- Wenn ja, welche Art von Besprechung werden wir führen?
- Genügt ein Online-Format oder ist eine Präsenzveranstaltung notwendig?

Jedes Gespräch, jede Besprechung, jede Interaktion ist ein Ort von Führung.

Professionalität zeigt sich an der zielorientierten und kohäsionsfördernden Kommunikation durch Führungskräfte – das heißt:

- Verantwortung übernehmen bzw. nach Einführung einer neuen Methode verbindlich delegieren.
- Richtige Methode auswählen und professionell anwenden (lassen); ggf. trainieren (lassen).
- Rückmeldung einholen und kontinuierlich verbessern.

Bevor eine Besprechung einberufen wird, prüfen Sie bitte:

Gibt es alternative, ressourcenschonende Mittel, um das Ziel zu erreichen?

* siehe auch Broschüre »Probleme lösen – Entscheidungen treffen«.

Formate sind beispielsweise:

Plattform	Nutzen	Herausforderungen
Interview mit interessanten Gesprächspartnern/ neuen Mitarbeitern Online verfügbar	Kennenlernen von neuen Gesichtern, Führungskräfte und Experten werden sichtbar; Updates zu aktuellen Themen	Technik Aufmerksamkeit bei den Mitarbeitern
Intranet/ Firmenwikipedia	Informationen qualitätsgesichert zur Verfügung stellen	Systematik so gestalten, dass die Nutzer wissen, wo sie was finden
E-Mails, Chats	Abstimmung und Info	Unübersichtlichkeit, große Verteiler führen zu Ressourcenverschwendung
Virtuelle Projekträume und Tools z. B. MS Teams, Confluence etc.	Projektarbeit auch ohne realen Raum sinnvoll unterstützt	Struktur und Ordnung schaffen
Mitarbeiterversammlungen/ Town Hall/ All hands	Mitarbeitervollversammlung zur Information und Einbeziehung, Motivation, Kick off von Projekten	Aktivierende Gestaltung
Get-together Gekoppelt mit Info-/Weiterbildungsteil Lunch and learn	Kohäsionsfördernd Informeller Austausch Spaß Verbunden mit Lernen	Teilzeitkräfte/Abwesenheiten durch Homeoffice etc.
Feste	Kohäsionsfördernd Informeller Austausch Spaß	Teilzeitkräfte/Abwesenheiten durch homeoffice etc. Professionelle Distanz wahren

Wenn eine Besprechung sinnvoll ist – als wertvollste Art, wie Menschen miteinander kommunizieren und Herausforderungen bewältigen – stellt sich die nächste Frage:

Welche Art von Besprechung führen wir durch?

- Problemfindung
- Problemanalyse
- Problemlösung/Ideenfindung
- Entscheidung/Auswahl von Alternativen
- Koordination/Konsequenz
- Motivation

Abhängig vom Ziel gilt es, die richtige Methode auszuwählen.

Wir konzentrieren uns in diesem Buch auf das Problemlösungsmeeting.

Informationen zur Gestaltung eines professionellen Projekt-Kick-Offs finden Sie in Band 60 dieser Reihe, »Führen in Projekten«.

PROJEKT KICK OFF

- Beginnen mit: Kennenlernen, Ziele des Kick Offs, Spielregeln
- Auftrag und messbares Ziel des Projektes verdeutlichen
- Projektorganisation vereinbaren
- Projektplanung starten
- Struktur- und Aktivitätenplan verabschieden
- Abschließen mit: weiteres Vorgehen; Dokumentation; Feedback zur Veranstaltung

STROEBE & KOLLEGEN

Es gilt also, sorgfältig abzuwägen:

Wann ist ein Präsenzmeeting sinnvoll und notwendig (und dann auch wirtschaftlich sinnvoll)?

- Persönliches Kennenlernen ist als Basis für gute Zusammenarbeit relevant.
- Emotionale Themen und Konflikte sind zu besprechen. Hier spielt die Persönlichkeit, die Aura der Beteiligten eine besondere Rolle.

- Themen von hoher motivationaler Bedeutung.
- Kick offs für wichtige Projekte (inkl. Teambuilding).
- Kombinierbar mit anderen events.

In Präsenzveranstaltungen können wir durch Körpersprache Aspekte der Kommunikation erfassen, die uns im virtuellen Kontext verloren gehen.

Die Pausenvereinbarung einhalten und Pausen bewusst gestalten. Offline bleiben!

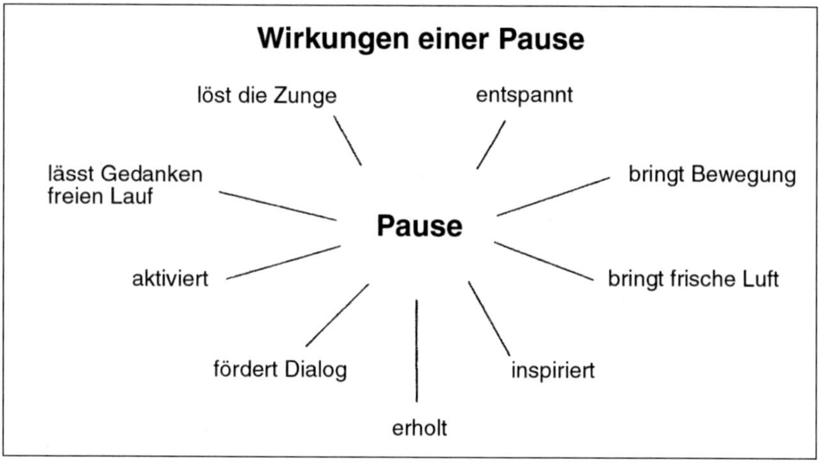

nach S. Motamedi

Vorteile von Onlinemeetings:

- Teilnehmer aus unterschiedlichen Standorten schneller und kostengünstiger verfügbar.
- Keine Reisezeiten und -kosten.
  »Wer sich in höchster Auflösung trifft, spart viele Flüge.«
- Bei guter Organisation und professionellem Umgang mit der Technik strukturierter

Nachteile:

- Persönlicher Kontakt, Ausstrahlung und körpersprachliche Signale sind reduziert bzw. gehen verloren.
- Ablenkungswahrscheinlichkeit/multitasking ist höher.
- Aktive Mitarbeit zu erhalten ist für den Moderator noch schwieriger als im Präsenzmeeting

Im virtuellen Kontext gilt es besonders sorgfältig auf die professionelle Vorbereitung, Durchführung und Mitarbeit zu achten:

- Funktionierende Technik
- sichere Kanäle
- Knowhow für Technik bei Teilnehmern vorhanden?
- Inhaltlichen Moderator bestimmen und technischen support sicherstellen.
- Bei längeren oder besonders kniffligen Veranstaltungen einen »goodmood«-Beauftragten definieren. Dieser fragt hinter den Kulissen ab, wie die Stimmung ist (das würde in Präsenz am Kaffeetisch zu klären sein).
- Vereinbarte Spielregeln

»Im Präsenzmeeting verstecke ich mich ja auch nicht unter dem Schreibtisch.« (Julian Fütterer, Clarins zur Frage, ob die Kamera im Online-Meeting anzuschalten sei – selbstverständlich ja!)

- Interaktive Methoden verwenden (z. B. Ice-Breaker, Chats, breakout sessions, Befragungen etc.)
- Etwa alle 60 Minuten Pausen anordnen

(Online-Meetings sind anstrengender, weil das Gehirn ständig versucht, die fehlende körpersprachlichen Signale auszugleichen).

Wann ist eine Besprechung notwendig:

- Wenn Knowhow aus unterschiedlichen Perspektiven benötigt wird für
  - Problemfindung
  - Problemanalyse
  - Problemlösung/Ideenfindung
  - Entscheidung/Auswahl von Alternativen
  - Koordination/Konsequenz
  - Motivation
  - Informationen werden anderweitig übermittelt; Ausnahme: wichtige persönich relevante Informationen mit hohem motivatorischem Charakter wie z. B. personelle, Veränderungen im Team

Wann Präsenz, wann online?

Kriterienkatalog

	Präsenz	Online
Technische und räumliche Voraussetzungen gegeben?	Raum verfügbar? Moderationsmaterial und Technik verfügbar und funktionierend?	Funktionierende Technik
Sicherheit/ Datenschutz gewährleistet?	Achtung vor brisanten Besprechungen in Glaskästen	Sichere Leitungen
Umgang mit der Methodik für alle Beteiligten klar und geübt?		
Vereinbarungen, wie gearbeitet wird committed?		

3 Die Prozedur in Besprechungen: Beobachten, Analysieren, Moderieren

»Lieber Gott, hilf mir, mein großes Maul zu halten – bis ich weiß, worüber ich rede.«
(Franz Kardinal Hengsbach)

Der Begriff Prozedur umfasst alle Geschehnisse vor, in und nach einer Besprechung, die den Verfahrensablauf, den Prozess betreffen. Dazu gehören unter anderem:

- die Vorbereitung einer Besprechung,
- der Ablauf einer Besprechung:
  - die sinnvolle Einteilung in Phasen,
  - die Reihenfolge der Beiträge,
  - die Häufigkeit und die Dauer der Beiträge,
  - das Protokoll,
- die Nachbereitung.

Zusätzlich zur Prozedur sind in Besprechungen zu beachten:

- der Inhalt, d. h. die Beiträge, die zum Problem und zum Ziel geleistet werden, sowie
- die Interaktion, d. h. die Beziehungen zwischen den Teilnehmern.

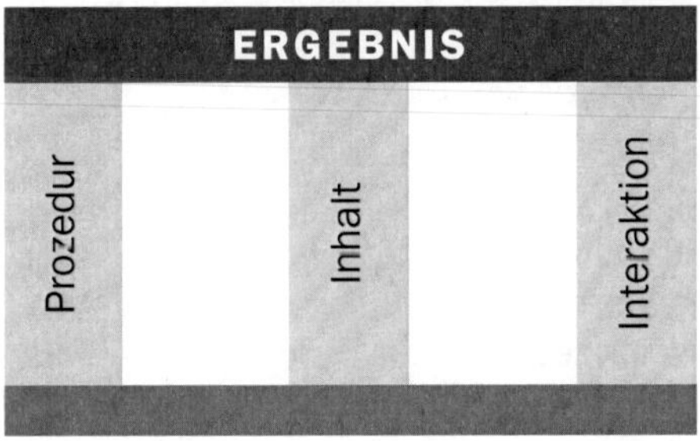

Drei Säulen einer erfolgreichen Besprechung

3.1 Vorbereitung einer Besprechung: inhaltlich, personell, technisch

»Sage mir, wie ein Meeting beginnt, und ich sage dir, wie es endet!«

3.1.1 Prüfliste zur Notwendigkeit einer Besprechung

Fragen Sie sich, bevor Sie eine Besprechung einberufen oder an ihr teilnehmen:

- Ist die Problemdefinition für eine Besprechung geeignet? Ist es wirklich notwendig, diese Frage zu stellen? Wie viel Zeit, Geld, Energie sparen wir, wenn wir diese Frage fallen lassen? Rentiert sich dafür eine Besprechung?
- Haben Sie es sich angewöhnt, für jede Besprechung zumindest die Arbeitskosten zu schätzen? Lassen Sie Ihre Entscheidung für oder gegen eine Besprechung durch die Kosten beeinflussen?
- Können Sie oder eine andere Person die Entscheidung allein treffen? Würde z. B. die Motivation der Beteiligten und Betroffenen darunter leiden? Nutzen Sie bitte als Hilfsmittel die Liste »Wann Einzel-, wann Gruppenentscheidung?« auf Seite 30.
- Liegt zu der Problemstellung eine heute noch gültige und sinnvolle Grundsatzentscheidung vor? Können Sie, einer Ihrer Mitarbeiter oder Kollegen darauf aufbauend allein entscheiden?
- Kann das Problem in einem Zweiergespräch definiert, analysiert und gelöst werden?
- Handelt es sich um
  - Problemfindung
  - Analyse
  - Problemlösung/Ideenfindung
  - Entscheidung/Auswahl
  - Koordination/Konsequenz
  - Motivation
  - Information zur Motivation?

    Vorsicht: Häufig wird in Besprechungen Information vermittelt, statt ein Problem zu lösen: Die Informationen als Voraussetzung für das Beantworten einer wichtigen Frage sind vor der Beratung zu vermitteln. Motto: Erst informieren – dann konferieren!

Wann ist ein Präsenzmeeting sinnvoll und notwendig (und dann auch wirtschaftlich sinnvoll)?

- Persönliches Kennenlernen als Basis für gute Zusammenarbeit
- Emotionale Themen und Konflikte sind zu besprechen
- Themen von hoher motivationaler Bedeutung
- Kicks offs für wichtige Projekte (inkl. Teambuilding)
- Kombinierbar mit anderen Events

Prüfen Sie also zunächst immer, ob die vorgesehene Besprechung wirklich nötig ist. Wenn Sie zu dem Schluss gekommen sind, dass die Vorteile wirklich überwiegen, dann fragen Sie mit der folgenden Prüfliste weiter.

3.1.2 Prüfliste zur inhaltlichen Vorbereitung

Problemdefinition und Zielformulierung

	ja	nein
• Ist die Problemdefinition präzise als Frage formuliert? (Diese Frage muss am Ende der Besprechung beantwortet sein. Die üblichen »Themen« einer Tagesordnung sind meist zu dehnbar. Greifen Sie aus Ihrer letzten Besprechung ein Thema heraus. Formulieren Sie dazu präzise Fragen oder lassen Sie sie formulieren (siehe Abb. S. 32).		
• Ist die Problemstellung in Teilprobleme aufgegliedert? Sind diese als Fragen formuliert?		
• Ist ein Besprechungsziel formuliert? Was soll das genaue Ergebnis der Besprechung sein (siehe S. 33)?		
• Ist das Ziel so formuliert, dass entschieden werden kann, ob es erreicht ist?		
• Wer ist von dem Problem betroffen?		
• Ist allen Teilnehmern das Ziel des Projektes klar, zu dem die Besprechung beitragen soll? Wer ist der Kunde dieser Besprechung?		
• Reicht für die Lösung des Problems ein »Steh-Konvent«? Ein Zweier-Gespräch, eine Einzelentscheidung?		
• Kombinieren wir die Lösung eines Problems mit einem »social event«?		
• Bin ich Teil des Problems?		

Wann Einzelentscheidung?	**Wann Gruppenentscheidung?**

1. Verfügbare Zeit, um das Problem zu lösen und eine Entscheidung zu erreichen

   ☐ wenig oder keine ☐ genügend

2. Das Ausmaß absolut erforderlicher Qualität

   ☐ niedrig ☐ hoch

3. Die persönlich verfügbare Information, die zur Erreichung einer hohen Entscheidungsqualität nötig ist

   ☐ vollständig ☐ unvollständig

4. Das Problem

   ☐ einfach und logisch ☐ komplex und unklar

5. Die für Ihre Mitarbeiter verfügbare Information, die zur Erreichung einer hohen Entscheidungsqualität nötig ist

   ☐ nicht genug ☐ völlig informiert

6. Das Ausmaß, wonach Partizipation im Entscheidungsprozess erforderlich ist, um das Engagement Ihrer Mitarbeiter bei der Implementierung zu erwirken

   ☐ nicht erforderlich ☐ erforderlich

7. Der Grad, in dem Ihre persönliche Glaubwürdigkeit Ihre Mitarbeiter während der Implementierung motivieren kann

   ☐ Glaubwürdigkeit vorhanden ☐ Glaubwürdigkeit ist nicht vorhanden oder ungewiss

8. In welchem Ausmaß werden Ihre Mitarbeiter durch das Problem selber den Lösungsweg zur Entscheidung lernen?

   ☐ kein Lernwert ☐ großer Lernwert

Vorsicht vor »Team without Steam« – denn es gibt Rennen, die werden allein gewonnen!

Sie berufen also eine Besprechung nur ein, wenn

- Sie über genügend Zeit verfügen,
- die Entscheidungsqualität hoch sein soll,
- Sie persönlich über wenig Informationen verfügen,
- das Problem komplex und unklar ist,
- Ihre Mitarbeiter über alle Informationen verfügen, um an der Besprechung qualifiziert mitwirken zu können,
- Ihre persönliche Glaubwürdigkeit Ihre Mitarbeiter motivieren soll,
- Ihre Beteiligung an der Entscheidung erforderlich ist, um das Engagement Ihrer Mitarbeiter bei der Umsetzung der Entscheidung zu erwirken,
- Sie und Ihre Mitarbeiter durch die Fragestellung selbst oder durch den Lösungsweg bzw. die Entscheidung lernen,
- Ihre Mitarbeiter nicht ausreichend informiert sind und Sie aus Motivationsgründen nicht schriftlich informieren wollen,
- es keine bessere und günstigere Methode gibt, das Ziel zu erreichen.

Wenn schon Informationskonferenz:
Welches Wissen nimmt der Zuhörer aus dieser Information mit?
Peter Drucker: »Unter Wissen verstehen wir in Handeln umgesetzte Informationen – Informationen, die auf Ergebnisse zielen.«

Das Besprechungsziel »Informiert – Sein« heißt nicht gefragt zu haben, ob eine Information so viel wert ist, wie das Meeting kostet.

Kaufe ich diese Besprechung oder ihren Nutzen? Ist die Entscheidung – eventuell nur die Information – so viel Geld wert, wie sie kostet? Wer ist eigentlich der Kunde für diese Beratung? Was sind seine Fragen? Würde er für sie die Besprechung bezahlen? Kann ich alleine entscheiden, statt ein Meeting einzuberufen?

Vorsicht: Die Menge dessen, was besprochen wird, verhält sich umgekehrt proportional zu dem, was anschließend wirklich erreicht/bewirkt ist.

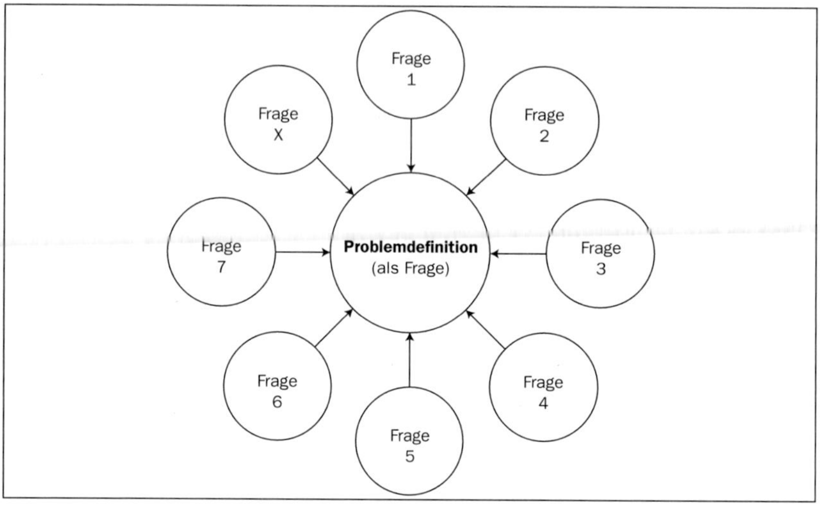

»Nur das Genie kennt die Antwort vor der Frage.«
(nach Oppenheimer)

Die Problemdefinition wird durch Detailfragen präzisiert. Dieses Fragen zwingen dazu, sie zu beantworten und fordern heraus, sich zu verstehen.

Mitunter ist allerdings das, was als Problem definiert wird, gar nicht das Problem, sondern die Lösung vieler Probleme.

Eine präzise Problemdefinition wirkt schmerzverstärkend.

Fragen sind zunächst wichtiger als Feststellungen – Fragen regen zum Erkunden an. Nicht die Antworten – die Fragen verhelfen zum Fortschritt.

Die erste Frage: Was ist, wenn ich diese Frage nicht in einem Meeting stelle? Welche Probleme existieren nur in meinem Kopf?

Die Bedeutung von Fragen am Beginn einer Beratung:

- Wo keine Fragen gestellt werden, beginnt die Verantwortungslosigkeit.
- Ich muss mich und andere fragen, um mich und andere zu verstehen.
- Die richtigen Fragen wecken in einem Meeting Energiepotenzial. Es ist der Zweifel, der einen weiterkommen lässt.
- Es braucht Mut und Originalität, die richtige Frage zu entdecken.
- Richtige Fragen regen zum Erkunden an, sind häufig wichtiger als Statements.
- Welche Frage habe ich Angst zu stellen, weil ich die Antwort fürchte?

- Habe ich die richtigen Fragen für die Antworten, die ich bekomme? Denn manche machen einen Aktionsplan für ein Problem, das noch gar nicht (fertig) definiert ist. So beantwortet im Kundengespräch eine präzise Problemdefinition die Frage: »Verstehe ich nicht nur mein Geschäft, sondern vor allem den Kunden?« Was meint zum Beispiel der Chef als Kunde, wenn er sagt: »Lassen Sie uns mal das Meeting planen!« Besser: »Welche Fragen wollen wir in dem Meeting beantworten und welche Ziele damit erreichen?«
- Wer viel weiß, stellt die richtigen Fragen. Nur das Wissen ist wichtig, das eine relevante Frage beantwortet. Die Wissensvermittlung ist an der Problemlösung auszurichten: Interessant ist das für eine Problemstellung verarbeitete Wissen.
- Ich muss relevante Informationen verarbeitet haben, um nach dem fragen zu können, was ich nicht weiß.
- Zuletzt: Manchmal ist es auch nötig, Fragen beantwortet zu bekommen, die man gar nicht gestellt hat.

»Wir verwenden genauso viel Zeit darauf,
die richtigen (und wichtigen) Fragen zu finden,
wie dann für die Antwort.«
(Alejandro Arvana)

Anregungen für mögliche Besprechungsziele:

Ziel ist es, dass

- die Ursachen für das Problem analysiert sind,
- die schwerwiegendste Ursache bestimmt ist,
- Lösungsalternativen entwickelt sind,
- die Lösungsalternativen gewichtet sind,
- gemeinsam entschieden wird über ...,
- ein detaillierter Aktionsplan entwickelt ist.

Hier ein Originalbeispiel:
»Am Ende unserer Besprechung ist der Weg detailliert beschrieben, um
a) die wesentlichen Geschäftsprozesse zu dokumentieren,
b) sie lean gestalten zu können.«

Und hier noch Beispiele für Problem- und Zieldefinition:

Beispiel für Problemdefinition:
Wie können Installationschecklisten aussehen, die von Verkauf, Werk und Kunden akzeptiert sind?

Beispiel für Zieldefinition (Besprechungsziel):
Die Checklisten sind definiert und ein Test zur Akzeptanz ist entwickelt.

Wollen Sie einen Tagesordnungspunkt »Verschiedenes« aufnehmen?

Schlüsseln Sie diesen Punkt auf:
Finden Sie wichtige Problemstellungen, dann formulieren Sie diese als Frage und geben Sie ein Besprechungsziel an. Finden Sie nichts Wichtiges, dann streichen Sie diesen Punkt ersatzlos.

3.1.3 Prüfliste zur personellen Vorbereitung

3.1.3.1 Bestimmung der Teilnehmer

Siehe hierzu unten und »Lenkungstechniken des Moderators« S. 95

»Anforderungen an ein Besprechungsmitglied« S. 36

»Anforderungen an den Protokollführer« (Checkliste S. 118)

- Wer muss teilnehmen?
- Wer kann zu dem Problem Konkretes beitragen?
- Wer will zu dem Problem etwas beitragen?
- Wer muss motiviert werden?
- Wer von denen, die aus sach lichen und psychologischen Gründen teilnehmen müssen, ist »schwierig«? Wie kann ich mich auf ihn einstellen?
- Habe ich den Teilnehmerkreis auf maximal neun Personen reduziert?
- Welche Fragen kann (muss) ich in Einzelgesprächen vor der Besprechung klären?
- Ist jeder Teilnehmer (rechtzeitig und vollständig) informiert und motiviert?
- Wissen die Teilnehmer, was sie speziell beitragen sollen?
- Haben Sie den Protokollführer eingewiesen? (Mit Hilfe der Checkliste, S. 118)
- Wer ist Moderator? Lassen Sie Besprechungen durch einen Ihrer Mitarbeiter moderieren? (Zu Ihrer Entlastung und seiner Entwicklung)
- Hat jeder Teilnehmer zugesagt?

Anforderungen an einen Moderator

»Das Geheimnis seines Erfolgs ist es, den Standpunkt des anderen zu verstehen: Trotz manchem Dissens immer wieder Vertrauen schenken.«

- Fähigkeit, das Problem in größerem Zusammenhang zu sehen.

- Gemeinsames Erkennen und Formulieren der erreichbaren Ziele.
- Klären: Wer ist der Kunde für unsere Besprechung?
  Zurückstellen von persönlichen Ambitionen:
  Beachten der eigenen Haltungen und Einstellungen (eigener Leistungsdruck). Es ist mitunter viel schwieriger, nichts zu leisten, als etwas zu leisten.
- Die Gruppe und ihre Entwicklung wichtig nehmen – nicht sich selbst –, ohne den Zwang, vor der Gruppe glänzen zu müssen.
- Ruhiges Reagieren auf Unvorhergesehenes.
- Zuhören, wer was wann sagt und was das für die Gruppe bedeutet.
- Verständnis für unterschiedliche Charaktere: Beachten der einzelnen Personen in der Gruppe.

»Jeder König möge die Minister entlassen, die ihm nicht widersprechen.« (Konfuzius)

- Beachten der Dynamik der Gruppe und »Verhaltensunfällen« vorbeugen.
- Nach Abschluss der Besprechung überdenken dessen, was die Effizienz der Gruppe beeinträchtigt hat: Wie kann es geändert werden? Zum Beispiel: War die Problemstellung für die Besprechung geeignet? Warum? Sind wir auf Schein-Wichtigkeit hereingefallen? War in der Besprechung die Qualität der Entscheidung oder die Zustimmung besonders wichtig? Oder beides? Führt unsere Entscheidung zur Zielerreichung?

Anforderungen an ein Besprechungsmitglied

- Aktive Mitarbeit an der Problemlösung.
- Kenntnis auf einem oder mehreren Sachgebieten.
- Mindestkenntnisse in verwandten Sachgebieten.
- Fähigkeit, sich Fakten unterzuordnen.
- Mut, die persönliche Interpretation der Fakten zu ändern, Konsensbereitschaft.
- Objektivität und Unabhängigkeit in der Entscheidungsbildung.
- Fähigkeit, kurz, informativ, problembezogen, verständlich und aggressionsfrei zu formulieren: Es ist besser, wenn andere Teilnehmer sich fragen, »Warum hat er nichts gesagt?« als wenn sie denken, »Warum hat er das überhaupt gesagt?«
- Beiträge zur Prozedur und Interaktion, falls vom Moderator und Protokollführer nicht wahrgenommen.

Aktivitätsverteilung zwischen Moderator und Teilnehmern
(nach R. Rüttinger)

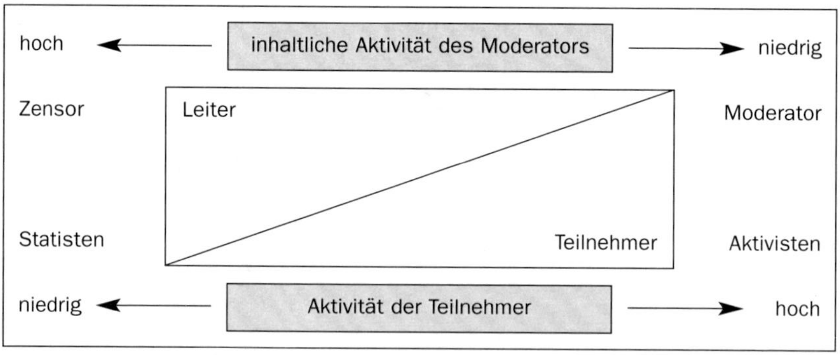

»Wer richtig schweigt, führt!«

3.1.3.2 Bildung einer Gruppe

Wann lohnt sich das Arbeiten in einer Gruppe?

Das produktive Team: Sieben Typen des Erfolgs
(nach R. Berth/M. Belbin)

Coach
»Fördert das Individuum«

vernünftiger Analysierer/ Spezialist
»Minimalismus – Denken des Kostenrechners«

systematischer Transformator/ Umsetzer

Moderator/ Koordinator
»Harmonisiert Gruppen«

geschickter Macher
»Ich mache die Wunder lieber, als dass ich auf sie warte«

reformerischer Visionär/Neuerer
»Kreativität des Strategen«

zuverlässiger Organisierer/ Weg-Bereiter
»Altes erhalten, Neues gestalten«

Man braucht Ausgewogenheit unter den Team-Funktionen.
Wir brauchen das ergänzende Aufeinander-zugehen.

Teamarbeit lohnt sich dann, wenn eine komplexe Aufgabe aus Einzelbestandteilen zusammengesetzt ist und sich die Fähigkeiten der Teilnehmer gegenseitig ergänzen:

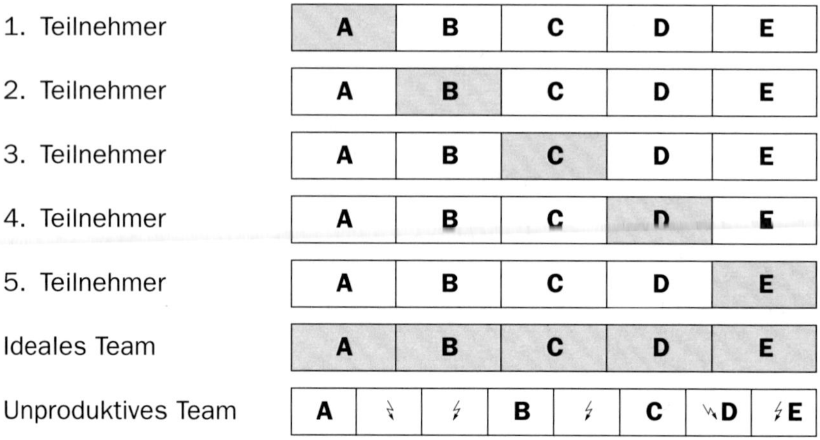

Reibungsverluste unter Teilnehmern behindern die Konzentration auf Problem und Zielsetzung. Reibungsverluste entstehen unter anderem durch negative Bewertung von Sachbeiträgen: Dadurch wird nicht nur der Sachbeitrag angegriffen, sondern auch die Selbstdarstellung der Person. Als Folge davon geht der Anteil der Sachbeiträge zurück, und die Selbstdarstellung der Teilnehmer tritt in den Vordergrund.

Dieter Hildebrandt: »Der Lieblingssport der Deutschen ist das Sich-in-die-Brust-werfen.«

Gruppengröße

Fünf bis maximal neun Personen sind optimal.

Die Nachteile anderer Gruppierungen (nach H. U. Baumberger, S. 15):

- Bei zwei Personen gibt es keine Mehrheit. Sie neigen dazu, die Probleme zu behutsam anzufassen oder zu polarisieren. Es besteht häufig starke Spannung.
- Bei drei Personen verbinden sich oft zwei gegen einen. Der einzelne wird verunsichert, weil er die Isolierung fürchtet.
- Bei Verergruppen – wie bei allen Gruppen mit gerader Mitgliederzahl – findet sich unter Umständen keine Mehrheit.
- Mehr als zehn Personen neigen dazu, sich in Cliquen aufzuspalten. Der einzelne fühlt sich weniger verantwortlich. Die Produktivität sinkt.

Merkmale einer guten Gruppe, die sich selbst regelt

- alle sind informiert,
- gute zwischenmenschliche Beziehungen, gegenseitige Akzeptanz, keine Antipathie
- Vertrauen in den Moderator,
- Vertrauen in die Erreichbarkeit des Gruppenzieles trotz manchem Dissens; die Auffassungen differieren nicht zu stark,
- Kooperation und aktive Teilnahme,
- Tolerieren von Rahmenbedingungen, die die Gruppe nicht ändern kann,
- keine Belohnung für Einzelleistung.

Vier Reifestadien einer Gruppe

1. Schaffen von Sicherheit in Bezug auf Problemdefinition und Zielformulierung = Forming
2. Schaffen von Sicherheit zueinander/ Vertrauen durch aktive Konfliktbewältigung (die Gruppe sucht sich) = Storming
3. Die Gruppe organisiert sich (Moderator, Protokollführer, fünf Phasen, Methodik) = Norming
4. Selbstregulierung der Gruppenfunktionen = Performing

Lassen Sie mich ausreden, bevor Sie »Ja« sagen!
Ist der Meeting-Raum eine Druckkammer?

Quelle: Oswald Huber/ccc, www.c5.net

Regeln für offene Kommunikation in Gruppen (nach R. Cohn)

Übergeben Sie jedem Teilnehmer eine Kopie dieser Regeln!

- Jeder ist für sich selbst verantwortlich.
  Jeder hat die Verantwortung dafür, wie er sich anderen gegenüber verhält.
- Sprechen Sie nicht von »man« oder »wir«, sondern von »ich«.
  Hinter »Man«- oder »Wir«-Formulierungen können Sie sich leicht verstecken. Übernehmen Sie die Verantwortung für das, was Sie sagen. Sprechen Sie nicht für andere, von denen Sie gar nicht wissen, ob sie das wünschen.
- Leiten Sie Fragen dadurch ein, dass Sie erklären, was diese für Sie bedeuten.
  Fragen können eine Methode sein, um die eigene Meinung besser zu verstecken. Beziehen Sie Stellung – vielleicht schließen sich andere an! Und wenn Sie Fragen stellen, begründen Sie, warum Sie sie stellen.
- Wenn mehrere gleichzeitig sprechen: »Stimmengewirr wird nicht einheitlicher, wenn noch mehr reden« (Johannes Rau):
  Einigen Sie sich über den Gesprächsverlauf. Vermeiden Sie »Seitengespräche«. Vielleicht ist das, was Sie zu sagen haben, auch für die anderen wichtig.
- Behandeln Sie Gesprächsstörungen vorrangig.
  Sagen Sie offen, wenn Sie sich auf das Gespräch nicht konzentrieren können – z. B. wenn Sie gelangweilt, ärgerlich, unzufrieden sind.
- Wenn das Verhalten eines Gesprächspartners bei Ihnen angenehme oder unangenehme Gefühle auslöst, teilen Sie es mit. Teilen Sie aber nicht Ihre Interpretation mit: »Sie unterbrechen mich laufend!«, sondern Ihre Wahrnehmung basierend auf Fakten: »In den letzten sieben Minuten konnte ich dreimal nicht zu Ende sprechen«.
- Richten Sie Aussagen nicht an die Gruppe, sondern immer an bestimmte Personen.
  Sprechen Sie nicht über einen Dritten zu einem anderen. Sprechen Sie nicht allgemein zu einer Gruppe, wenn Sie einen bestimmten Teilnehmer meinen: Sagen Sie einer Person, was Sie ihr mitteilen wollen. »Wir reden miteinander – nicht übereinander!«

Zwölf klassische Konfliktsituationen in Besprechungen: Wie verhält sich der Moderator?*

1. Ein Abteilungsleiter hat seine Gruppenleiter zu einer Besprechung gebeten. Es geht um den Produktionsrückgang in der Abteilung. Das Besprechungsziel ist, die Ursachen dafür zu erkennen und Lösungen zu finden.

   Wie eröffnen Sie als Abteilungsleiter die Aussprache?
   a) Indem Sie klar auf die Vorteile hinweisen, die eine Lösung des Problems bringt?
   b) Indem Sie die Folgen aufzeigen, falls das Problem nicht gelöst wird.
   c) Indem Sie mit der Gruppe die Detailfragen zu der allgemeinen Frage in der Einladung eindeutig definieren.

2. Nach der ersten Besprechungsphase denken die einzelnen Teilnehmer: »Ich muss jetzt was sagen, traue mich aber nicht, da ich Angst habe, für einen Fehler verantwortlich gemacht zu werden«. Es kommt zu einer Abwehrhaltung und in der Gruppe herrscht peinliches Schweigen.

   Was tun Sie?
   a) Warten, bis jemand die Diskussion wieder in Gang bringt.
   b) Zuerst Ihre Meinung vortragen.
   c) Jedem Teilnehmer nach seiner Meinung fragen.
   d) Zunächst die Gefühle der Gruppe in Worte kleiden. Verständnis zeigen.

3. Im Fortgang der Besprechung greift ein Teilnehmer die Gruppe an. Er wirft den Kollegen vor, seine schon vor einem Monat gemachten Vorschläge ignoriert zu haben.

   Wie reagieren Sie?
   a) Diplomatisch das Thema wechseln.
   b) Den Betreffenden fragen, wohin solche Überlegungen führen sollen.
   c) Die Gruppe fragen, wie sie über diese Kritik denkt.

4. Jeder der Gruppenleiter hat kurz seinen Standpunkt über die mögliche Ursache des Problems bekannt gegeben. Unterschiedliche Meinungen und Gefühle liegen vor. Die Stimmung der Gruppe ist so, dass die Aussprache jetzt sachlicher werden müsste.

   Wie reagieren Sie?
   a) Die Gruppe fragen, wie sie fortfahren möchte.
   b) Die Gruppe nach mehr Tatsachen fragen.
   c) Von dem kritischen Punkt ablenken.

---

* Test nach einer Unterlage der Training Media GmbH zum Film »Bitte nicht stören – Sitzung«, Roundtable Productions (Antworten auf S. 44)

5. Es sind nun mehr mögliche Ursachen artikuliert worden. Einer der Gruppenleiter schlägt eine konkrete Maßnahme vor. Die Gruppe erwartet die Stellungnahme des Abteilungsleiters.

   Wie gehen Sie vor?
   a) Alle Informationen geben, die Sie haben und Ihre Meinung äußern.
   b) Eine Zusammenfassung geben, ohne die eigene Meinung zu sagen.
   c) Den Gruppenleiter erklären lassen, warum er so vorgehen möchte.

6. Einer der Besprechungsteilnehmer ist grundsätzlich anderer Auffassung als alle übrigen. Er findet es falsch, eine bestimmte einzelne Ursache für das Problem zu suchen. Der Gesprächsleiter fühlt sich direkt angegriffen.

   Wie verhalten Sie sich?
   a) Ihre Darstellung des Problems verteidigen.
   b) Ihre Überlegungen verdeutlichen, damit die Gruppe einen neuen Start findet.
   c) Das Problem aus einer anderen Sicht aufzeigen.
   d) Auf die andere Auffassung eingehen.

7. Das Gespräch dreht sich im Kreis. Einzelne Gruppenmitglieder tragen zum wiederholten Male ihre Lieblingsidee vor. Niemand bemüht sich, auf den Beitrag eines anderen einzugehen.

   Wie greifen Sie ein?
   a) Darauf hinweisen, dass die Gruppe anfängt, sich zu wiederholen.
   b) Den Protokollführer auf seine visualisierte Zusammenfassung hinweisen lassen.
   c) Noch einmal Ihre Meinung über die Ursache der Schwierigkeiten äußern.

8. Die Mehrzahl der Gruppenmitglieder ist sich nun über die Ursache des Problems einig. Nur zwei sind eindeutig dagegen. Obwohl noch keine Lösung gefunden wurde, neigt die Gruppe dazu, die Besprechung als beendet zu betrachten.

   Wie entscheiden Sie sich?
   a) Zusammenfassen, was erreicht wurde, und die Teilnehmer bitten, bei der nächsten Konferenz Vorschläge für eine Verbesserung vorzulegen.
   b) Auf die visualisierte Zusammenfassung hinweisen. Dann weitermachen mit dem Hinweis, dass das Hauptziel der Besprechung ist, zu einer Lösung zu kommen.
   c) Weitermachen, doch vorher einige Zeit dafür verwenden, Gegensätze auszugleichen.

9. Ein Besprechungsteilnehmer fühlt sich durch das Verhalten der Gruppe ihm gegenüber frustriert und sperrt sich gegen eine weitere Beteiligung.

   Wie lösen Sie das Problem?
   a) Ihn fragen, warum er nicht mehr mitmacht.
   b) Sich für die vorausgegangene Kritik entschuldigen.
   c) Ihn für seine Mitarbeit anerkennen und ihn zu einer Stellungnahme ermutigen.

10. Zwei Gruppenmitglieder geraten miteinander in Konflikt. Die Meinungen prallen aufeinander, es finden persönliche Angriffe statt, und die Stimmung ist affektgeladen.

    Wie intervenieren Sie als Führungskraft?
    a) Jeden der beiden seinen Standpunkt noch einmal vertreten lassen, bevor Sie entscheiden, wer recht hat.
    b) Die beiden bitten, ihre Differenzen später auszubügeln.
    c) Den beiden dadurch helfen, dass Sie die anderen dazu bringen, inhaltlich Stellung zu nehmen.

11. Einige unterschwellige Befürchtungen sind nunmehr zutage getreten. Es geht nicht mehr um nur zwei Teilnehmer. Die ganze Gruppe hat sich gespalten.

    Wie bereinigen Sie, die Atmosphäre, um wieder zur Sache zu kommen?
    a) Die Gruppe wissen lassen, wo Sie stehen.
    b) Die Gruppe bitten, je einen Vertreter zu wählen, um die Sache weiter zu untersuchen.
    c) Durch Hinweis auf das bisher Erreichte zu einem vertieften Verständnis des Problems verhelfen.

12. Die Gruppe hat ihren Konflikt überwunden. Man hat aufgrund eines Vorschlags eine gewisse Übereinstimmung erzielt, wie die Problemlösung angegangen werden soll. Zwei der Beteiligten zögern noch etwas.

Was tun Sie jetzt als Erstes?

a) Ihren Eindruck, dass die Gruppe sich einig ist, noch einmal überprüfen.

b) Voraussetzen, dass die Problemlösung (ein Test) von der Mehrheit akzeptiert wird, und um Freiwillige bitten.

c) Die Gruppe wissen lassen, dass sie gute Arbeit geleistet hat, und alles Nötige veranlassen

Antworten zu »Zwölf klassische Konfliktsituationen in Besprechungen«

Situation 1:	**c)**	Situation 7:	**b)**
Situation 2:	**d)**	Situation 8:	**b)**
Situation 3:	**c)**	Situation 9:	**c)**
Situation 4:	**b)**	Situation 10:	**c)**
Situation 5:	**a)**	Situation 11:	**c)**
Situation 6:	**d)**	Situation 12:	**a)**

3.1.4 Prüfliste zur technischen Vorbereitung: Einladung, Raum

Zu den banal klingenden – nichtsdestoweniger aber wichtigen – Aspekten der technischen Vorbereitung . Hier soll nur auf wenige Details hingewiesen werden.

Die Einladung enthält:

- (Virtueller) Ort, Datum, Beginn und Ende der Besprechung (absolute Zeitgrenzen)
- Art der Besprechung (zum Beispiel: Ideenfindung, Problemlösung, Entscheidung, Koordination), Tagesordnung mit Vorschlag zu (Teil-) Problemen als Frage formuliert und (Teil-)Zielen sowie Vorschlag für Zeiteinteilung
- Moderator, Teilnehmer, Protokollführer
- Hinweis auf Unterlagen, die zu bearbeiten und vorzubereiten sind:
  - Vorab-Informationen mit Fragen versehen
  - Bitte, das Protokoll der letzten Besprechung durchzulesen und zu prüfen, ob die vereinbarten Ziele erreicht wurden. Denn: »Wer viel weiß, kann die richtigen Fragen stellen.«
- Raum: Details hierzu finden Sie im Abschnitt über Visualisierung (S. 103 ff.).
- Technische Anforderungen

3.1.5 Vorschlag für die Dokumentation einer Besprechung

Wer muss teilnehmen?	
Moderator: (Name)	Protokollführer (Online-Protokoll) Name:
1. **Problemdefinition** als Frage formuliert (Wo tut es weh?)	2. **Projektziel** (Vorschlag) **Besprechungsziel:**
Frage 1:	Wie wird die Projekt-Zielerreichung gemessen?
Frage 2:	Zeit (Bis wann?)
Frage 3:	Kosten (Wie teuer?)
Frage 4:	Quantität (Wie viel?)
Frage 5:	Qualität (Wie gut?)
	Qualität der Zusammenarbeit (Kooperation)

3. **Ursachen** (Warum tut es weh?)	Gewichtung

4. **Lösungen** sammeln und bewerten (Wie gut?)	Gewichtung	**5a. Entschluss**	Gewichtung
Zu Ursache 1:			
Zu Ursache 2:			
Zu Ursache 3:			

5b. Aktionsplan

Wer ist verantwortlich?	Mit wem?	Was?	Wozu?	Bis wann?	Kosten?	wer kontrolliert

3.2 Ablauf einer Besprechung: Die fünf Phasen

»In erfolgreichen Besprechungen wird anders gedacht – und dieses Denken ist zu lernen.«

Für den Ablauf von (Problemlösungs-)Besprechungen haben sich fünf Phasen durchgesetzt:

1. Phase: Problemdefinition (Wo stehen wir? Wo tut's weh?)
2. Phase: Zieldefinition: Projekt- und Besprechungsziel (Was wollen wir erreichen/bewirken?)
3. Phase: Ursachenanalyse (Woran liegt es? Warum tut's weh?)
4. Phase: Sammeln und Bewerten der Lösungsvorschläge (Welche Alternativen gibt es? Wie sind sie zu gewichten?) Zum Beispiel mit Hilfe der Nutzwert- und Risikoanalyse.
5. Phase: Entschlussfassung, Aktionsplan (Im Vorfeld zu klären: Wer trifft die Entscheidungen? Wie haben wir uns entschieden? Welcher Verantwortliche tut was, wozu, mit wem, bis wann, zu welchen Kosten? Wer kontrolliert?) Die nächsten Schritte sind ...

1. und 2. Phase: Problemdefinition und Zielformulierung

»Sind Problem und Ziel erst definiert, lebt der Moderator ungeniert!«

In diesen Phasen überprüft die Gruppe gemeinsam die in der Tagesordnung vorgeschlagenen Probleme und Ziele. Eine erste Abklärung darüber ist vor der eigentlichen Besprechung sinnvoll. Am Ende dieser Phasen ist sich die Gruppe über Probleme (Fragen, die zu beantworten sind) und Ziel der Besprechung einig.

Wichtig: Zu Beginn der 1. Phase sind die Fragen der Teilnehmer entscheidend. Treffende Fragen sind ein Zeichen für gute Vorbereitung der Teilnehmer: Damit wird Verantwortung übernommen, und außerdem enthält jede präzise und konkret formulierte Frage schon Antwort-Potenzial.

Hier die Worte eines Moderators zu Beginn der 1. Phase:

»Sie haben alle die Vor-Informationen bekommen. Die Problemdefinition ist als Frage formuliert auf dem Flipchart sichtbar. – Bitte notieren Sie jetzt auf Karten alle Ihre zusätzlichen Detailfragen, auf die Sie sich in unserem Meeting Antworten holen wollen. Bitte keine Statements oder Themen, sondern konkrete Fragen.« (Beginnen mit »W«, enden mit »?«)

Nach dem Anpinnen der Karten: »Sind alle Fragen verstanden?«

Die Karten werden selbstverständlich nicht vorgelesen: Denn jeder kann lesen.

So sehen Problemdefinition und Zielformulierung **zu Beginn** der 1. und 2. Phase aus:

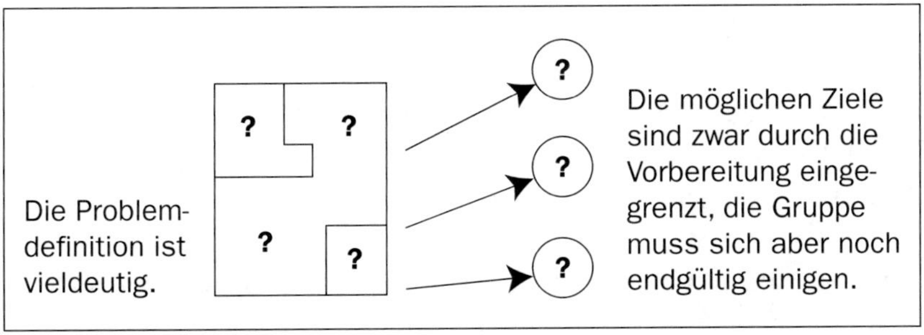

So sehen Problemdefinition und Zielformulierung **am Ende** der 1. und 2. Phase aus:

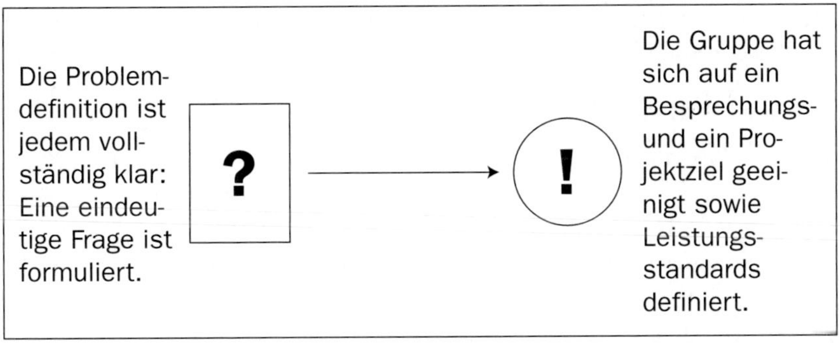

Nach W. O. Wegenstein

Sie haben die Problemdefinition und Zieldefinition positiv abgeschlossen, wenn Sie die folgenden Fragen mit ja beantworten:

- Ist das Problem/Ziel so formuliert, dass alle Teilnehmer damit übereinstimmen und alle es lösen bzw. erreichen wollen? ja/nein
- Ist das Gesamtproblem in Teilprobleme untergliedert worden? ja/nein

- Wurden alle Fragen gestellt, auch die, deren Antwort wir fürchten? (Es braucht Mut und Kreativität, die richtige Frage zu entwickeln und sich darauf zu einigen. Vorsicht: Eine wichtige Frage zu ignorieren, kann zum Absturz führen.) ja/nein
- Ist das Ziel der Besprechung erreichbar? ja/nein
- Können Sie am Ende der Besprechung prüfen, ob Sie das Problem gelöst/das Ziel erreicht haben? ja/nein
- Werden alle Teilnehmer sich dafür einsetzen, die Ergebnisse der Besprechung in der Praxis zu realisieren? ja/nein

Motto: »Es nützt nichts, die richtige Antwort auf die falsche Frage zu bekommen.«

Eine falsch gestellte Frage hat keine Lösung zur Folge, sondern Streit! Daher: Durch Fragen infrage stellen, aber auch die Frage infrage stellen.

Fragt ein Mitarbeiter: »Warum ist unser jour fixe so langweilig?« Sagt ein anderer: »Langweilig ist es nicht – aber wenig informativ.« Sagt der Chef: »Informativ soll es gar nicht sein. Wir sind hier, um gemeinsam ein Problem zu lösen.«

Wenn Sie nicht verstehen, wie die Problemdefinition eines Meetings lautet: Stornieren Sie es! Das ROWE-Prinzip stellt es jedem Mitarbeiter frei, ob er an einer Besprechung teilnimmt (ROWE = Results on Work Environment).

3. Phase: Ursachenanalyse

»Wenn das Korn schimmelt, suche die Ursache nicht im Korn, sondern wechsle den Speicher.«
(Antoine de Saint-Exupéry)

Wenn die Diagnose vor der Therapie erfolgt, wird nicht das behandelt, was gar nicht Ursache ist.

Der Problemträger wird immer wieder gefragt:

- Wodurch entstand das Problem?
- Wann wurde das Problem akut?
- Worauf kommt es besonders an?
- Welche Folgen könnte das Problem nach sich ziehen? (siehe 4. Phase)

Am Ende der dritten Phase sind die Ursachen für das Problem aufgelistet. Die wichtigste Ursache ist markiert.

Vorsicht: Die gefährlichsten Ursachen und Argumente sind die unausgesprochenen! Daher zum Erheben der Ursachen die anonyme Kartenabfrage nutzen und kritische Aspekte nicht wegdiskutieren.

Als Übergang zur nächsten Phase eignet sich die Frage: Wurde schon versucht, das Problem zu lösen?

4. Phase: Sammeln und Bewerten von Lösungsvorschlägen

> *»Wenn alle zustimmen, hat bestimmt nur einer nachgedacht.«*
> *(Lyndon B. Johnson)*

Fragen Sie zunächst:

- Wer hat wie das Problem schon zu lösen versucht?
- Warum haben bisherige Lösungen versagt?

Damit originelle Ideen nicht »getötet« werden, trennen erfahrene Gruppen die Teilschritte Sammeln und Bewerten voneinander:

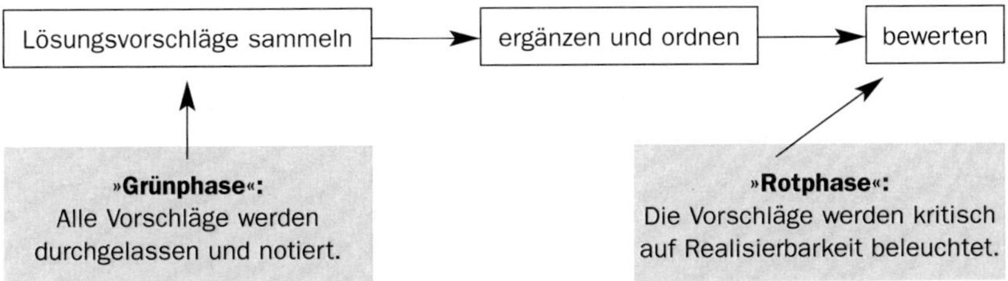

So sieht es nach dem **Sammeln** der Lösungsvorschläge aus:

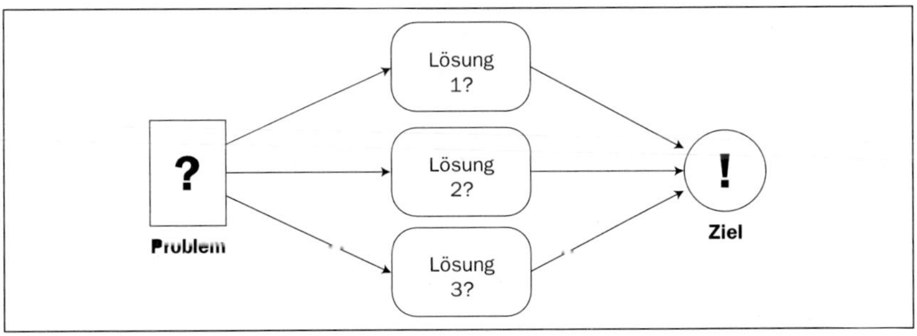

Fragen Sie beim Bewerten der Lösungsvorschläge:

- Sind die Lösungsvorschläge am Ziel orientiert? ja/nein
- Was ist der Nutzwert eines jeden Lösungsvorschlags?
- Ist jeder Lösungsvorschlag auf seine Konsequenzen überprüft worden? ja/nein
- Sind die potenziellen Probleme zusammengetragen, ist der Risikowert der einzelnen Vorschläge ermittelt worden? ja/nein

So sieht es nach dem **Bewerten** der Lösungsvorschläge aus:

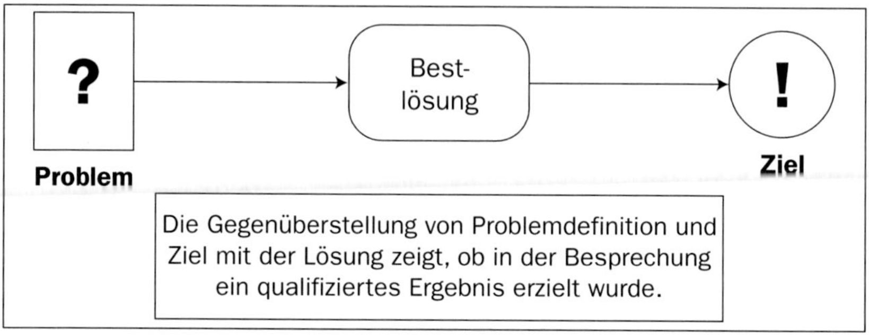

Entscheidend für die Effizienz der Bewertung ist es, dass die Gruppe sich in der 2. Phase (Zielformulierung) auf eindeutige Bewertungsmaßstäbe z. B. für Qualität, Quantität, Termin, Kosten und Güte der Zusammenarbeit geeinigt hat. Nur dann können die Lösungsvorschläge schlüssig bewertet werden.

Eindeutige Bewertungsmaßstäbe sind ebenfalls eine Voraussetzung für die 5. Phase.

5. Phase: Entschlussfassung/Aktionsplan

Unser größter Feind ist die Entschlusslosigkeit:
»Das Schwerste ist der Entschluss.« (Franz Grillparzer)

Vorsicht: »Schweigen oder Fehlende Opposition bedeutet noch lange nicht Zustimmung.«

Ist der bisherige Problemlösungsprozess systematisch durchlaufen worden? Dann ist die Entschlussfassung fast nur noch ein formaler Akt.

Nur: Warum sagt man uns Deutschen nach, wir hätten kein Erkenntnis-, sondern ein Entscheidungsproblem? Ulrich Zwygart hat zum Entscheiden Wesentliches formuliert:

Warum tun sich Führungskräfte häufig schwer zu entscheiden?

- Das wahre Problem wird häufig nicht – oder zu spät – erkannt.
- Es fehlt ein konkretes Ziel.
- Es fehlen Informationen.
- Entschieden wird aus gewohnheitsmäßigem Verhalten.
- Entschieden wird unter Zeitdruck.
- Es gibt zu wenig Kontrollinstrumente/Frühwarnsysteme.
- Es wird zu wenig methodisch gearbeitet.

Entscheiden bedeutet die Fähigkeit

- für ein definiertes Problem
- in der verfügbaren Zeit, Vitali Klitschko: »Alles geht so langsam.« »Das Training für einen Soldaten braucht weniger Zeit als die Entscheidungsfindung in Berlin.« (D. Kuleba)
- zielorientiert,
- mit Hilfe eines rationalen und intuitiven
- individuellen oder kollektiven Beurteilungsprozesses eine Lösung zu finden
- und für deren Umsetzung die Verantwortung zu übernehmen.

Eine Entscheidung ist dann rational, wenn

- der Entscheidungsprozess durchgehend zielgerichtet ist,
- die Überlegungen auf möglichst objektiven Informationen beruhen,
- der Entscheidungsprozess methodischen Regeln folgt. Diese sind für Nicht-Beteiligte nachvollziehbar.

Eine verantwortliche Entscheidung erfüllt sechs Voraussetzungen:

- Sie wird den Muss-Zielen gerecht.
- Sie kommt zusätzlichen Anforderungen, den Wunschzielen, am nächsten.
- Die Entscheidung berücksichtigt potenzielle Probleme am besten.
- Eine Regel, welche die Verbindlichkeit festhält.
- Eine Institution, welche sich dieser Regel verpflichtet hat.
- Führungskräfte, die deren Einhalten kontrollieren.

Folgende Fragen sind zu klären:

- Wird der Entschluss von der gesamten Gruppe getragen? ja/nein
- Können sich auch Minoritäten mit ihm identifizieren? ja/nein
- Entspricht das Ergebnis dem vereinbarten Besprechungsziel? ja/nein
- Führt es zum Erreichen des Projektziels? ja/nein
- Ist das Problem gelöst? ja/nein
- Ist die Fragestellung wirklich beantwortet? ja/nein

(nach Ulrich Zwygart, »Wie entscheiden Sie?«)

Walter Straub: »Entscheidend bei Entscheidungen ist: ›Mit wie viel Energie springe ich in die eine oder andere Entscheidung beziehungsweise in deren Umsetzung hinein?‹ Der Entscheider sollte sich durch und durch für die Entscheidung einsetzen und nicht kraftlos ein Fragezeichen auf der Stirn tragen. Gefragt sind klare und wegweisende Worte und die eindeutige Botschaft: Ich habe das zu verantworten.«

»Wie heiter sieht doch alles aus, wenn ich entschieden habe!«
(nach Stefan Andres)

Nicht zuletzt: Die Umkehr von einer falschen Entscheidung erfordert noch mehr Mut als der Aufbruch. Und: Ein Bauch-Gefühl kann auch das Gegenteil eines Warnsignals senden.

Walter Straub: »Je schwerwiegender, je personennäher Entscheidungen sind, desto mehr spielen Emotionen und Machtfragen eine Rolle.«

Wie sieht der Aktionsplan aus? Wie ist der Entschluss zu realisieren?

Barack Obama: »Learn how to get stuff done.«[1]

Wozu?	Was?	Verant-wort-liche(r)?	Mit wem?	Bis spätestens wann?	Zu welchen Kosten?	Wer kontrol-liert?

Warum ist ein so detaillierter Aktionsplan erforderlich? »Es gibt Menschen, die das Richtige denken und deren Herz auf dem rechten Fleck sitzt. Aber sie machen nichts.« (Joan Baez)

Entwickeln Sie nur für eine exakt definierte Problemlösung einen Aktionsplan. Sonst entsteht eine »diffuse Vorwärtsstrategie«!

- Wer außer den Besprechungsteilnehmern muss das Protokoll noch erhalten?
- Welche Fragen sind offen bzw. neu zu formulieren?
- Wann werden sie besprochen?

Über alle fünf Phasen hinweg ist zu beachten, dass der Zeitaufwand nicht größer ist, als in der Einladung angegeben. Die optimale Dauer: 60–90 Minuten. Treffen Sie sich lieber mehrmals, als in Mammutbesprechungen die Effizienz zu gefährden: Verstand und Nerven verbrauchen sich in längeren Beratungen. Rigoros sind beispielsweise die Bräuche beim britischen Papierhersteller Bowater Corporation Ltd.: Dort darf keine Konferenz länger als 20 Minuten dauern.

Prüfen Sie während der Besprechung, ob es Ihnen gelingt, Ihr Zeitraster der fünf Phasen einzuhalten.

[1] https://www.youtube.com/watch?v=YNY4UFaHbP4

Wenn Sie davon abweichen, verständigen Sie die Gruppe.

Klären Sie mit ihr, wie es weitergehen soll.

Regelmäßige Hinweise durch den Protokollführer auf das bisher visualisierte Protokoll helfen Ihnen, den Zeitablauf zu kontrollieren.

Prüfen Sie, ob es bei Ihrem Problem sinnvoll ist, die Zeit prozentual so einzuteilen:

Fünf Phasen einer Besprechung

5. – Entschlussfassung
Entschluss problemlösend?
Ziel erreicht?
– Aktionsplan
Wozu? Was? Wer verantwortlich?
Mit wem? Bis wann? Kosten? Kontrolle?

4. Sammeln und Bewerten von Lösungsvorschlägen
z. B. mit Nutzwert-/Risiko-Analyse — 20 %

3. Ursachenanalyse
Warum tut es weh?
Weiß/Kann/Will/Darf nicht? — 30 %

2. Zieldefinition: Da wollen wir hin!
Projektziel: erreichter Projektoutput!
Besprechungsziel:
erreicht am Ende der Besprechung! — 30 %

1. Problemdefinition als Frage
Wo tut es weh? — 10 %

Zeit: 10 %

	1.	2.	3.	4.	5.
Moderationstechnik in den fünf Phasen:	mehr gelenkt: Führen durch Fragen	mehr gelenkt: Führen durch Fragen	erst mehr ungelenkt: Sammeln der Ursachen, Frage- und Kreativitätstechniken. Beim Ordnen der Ursachen mehr gelenkt	erst mehr ungelenkt: Sammeln der Lösungen, Frage- und Entscheidungstechniken. Beim Bewerten der Lösungsvorschläge mehr gelenkt	mehr gelenkt: Frage- und Entscheidungstechniken

Zusammenfassend zu den fünf Phasen einer Besprechung:

Investieren Sie genügend Zeit in die Vorbereitung einer Besprechung. Das ist besser, als wenn Sie diese Zeit »zur Rettung« einer Besprechung benötigen. Denn:

- Ohne eindeutige Problemdefinition und ohne gemeinsames Ziel läuft die Gruppe Gefahr, den »roten Faden« zu verlieren. Am Ende der Besprechung wird sie unzufrieden feststellen, dass das Problem nicht geklärt, das Ziel nicht oder nicht vollständig und sinnvoll erreicht wurde.
  Ein drastisches Beispiel für ungenügende Problemdefinition und Zielformulierung findet sich in einer Geschichte von Peter Hacks: »Ein Hase saust in tödlicher Angst über die Felder. Ein zweiter Hase schließt sich ihm an. Nach ein paar hundert Meilen fragt er: ›Übrigens, wovor fliehen wir eigentlich?‹
  ›Die Menschen haben‹, entgegnet der erste Hase, ›ein Gesetz erlassen, demzufolge allen Hasen das fünfte Bein abgesägt wird‹. ›Wenn das so ist …‹, sagt der zweite Hase, ›aber wir haben doch nur vier Beine‹. – ›Du kennst sie nicht‹, sagt der erste: ›erst sägen sie, dann zählen sie‹.«
- Ohne ausführliche Ursachenanalyse werden die Ursachen nicht genau identifiziert.
  Die Folge: Die Lösungsvorschläge werden nicht gezielt im Hinblick auf die wichtigsten Ursachen gesammelt und bewertet. Es wird manches produziert, was nicht spezifisch die Ursache behandelt.
- Liefert erst einmal die Diagnose (die Problemanalyse) detaillierte Ansätze, dann finden sich rasch die Therapievorschläge (das Sammeln und Bewerten der Lösungsvorschläge).

Wenn die Lösungsvorschläge ursachenspezifisch gesammelt und gewichtet wurden, dann kann sich die Entschlussfassung auf die abschließende Einigung und das Festhalten des Ergebnisses beschränken.

Fassen wir zusammen:

Die neun Bedingungen für eine erfolgreiche Besprechung

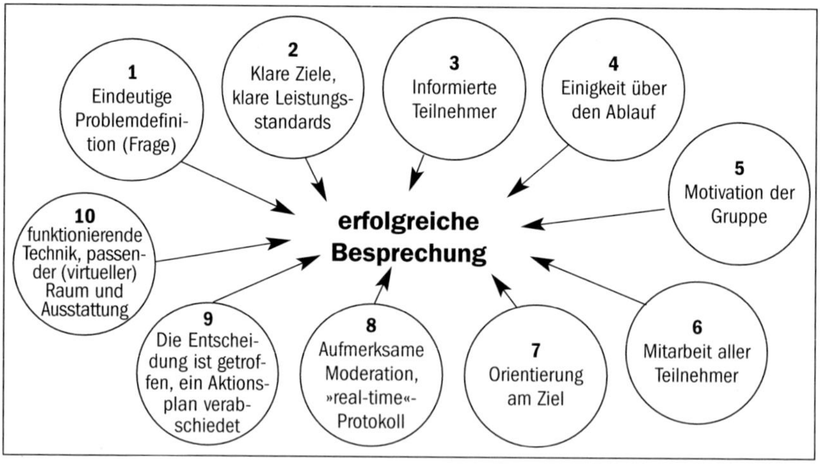

3.3 Methoden zum Beobachten und zur Analyse des Ablaufs von Besprechungen

Zur Selbstkritik fähige Teams erzielen einen Synergie-Effekt

Dies setzt voraus:

1. Gemeinsame Werte und Ziele, die inspirieren.
2. Offenheit und Verständnis für die anderen.
3. Vielfalt im Team.
4. Wille zur Verbesserung und Professionalität: Analyse der Stärken und Schwächen des Teams.
5. Alle respektieren den Moderator.

»Wahrnehmung durch die anderen ist Voraussetzung für Selbsterkenntnis.«

Wir sammeln daher Fakten und Beweise über das, was in Besprechungen tatsächlich abläuft. So wird es jedem Teilnehmer möglich, selbst entdeckend Konsequenzen aus seinem messbaren Verhalten während einer Beratung zu ziehen. Zum Beispiel, wenn er über die Zahl seiner aktiven Unterbrechungen erschrickt.

Fragen Sie Ihre Besprechungsteilnehmer: »Was halten Sie davon, in der nächsten Besprechung einige Daten zu unserer Effizienz zu erheben?«

Wie können Sie sich selbst und Ihre Gruppe darin trainieren, den Ablauf einer Besprechung konsequent zu beobachten und zu beachten?

Einige einfache Methoden können dabei helfen. Betrachten Sie sie als eine »Hilfe zur Selbsthilfe«. Wenn Sie glauben, die Methoden könnten Ihnen nützen, kopieren Sie die entsprechenden Blätter aus diesem Heft.

Alternativ: Auf unserer Homepage das online-Tool zum tracken der 5-Phasenbesprechung zu finden. Bei Fragen zur Anwendung wenden Sie sich gerne an die Autorin.

https://www.manager-training.de/category/trainingssystem/

Benutzername: Kunde
Passwort: Besprechung 5%

Bitten Sie einen Ihrer Mitarbeiter bei der nächsten Besprechung, die Geschehnisse aufzuzeichnen. Nehmen Sie sich nicht zu viel auf einmal vor: Lassen Sie zunächst nur mit einer Methode beobachten. Bilden Sie Schwerpunkte.

Informieren Sie die anderen Teilnehmer und bitten Sie sie um ihr Einverständnis.

Planen Sie nach der Besprechung eine halbe Stunde ein, um über die Aufzeichnungen zu diskutieren. Ziehen Sie gemeinsam mit den anderen Teilnehmern Schlussfolgerungen. Nutzen Sie dazu auch den Fragebogen auf S. 91 f.

Was ist vor allem zu beachten?

- das Einhalten der fünf Phasen einer Besprechung (S. 63)
- die individuelle Redezeit (S. 62)
- die Häufigkeit, Länge und Verteilung der Wortmeldungen (S. 67)
- die Zahl der Unterbrechungen (S. 69)
- die nicht berücksichtigten Wortmeldungen (S. 72)
- Durcheinander-Reden der Teilnehmer (S. 72)

3.3.1 Das Einhalten der fünf Phasen einer Besprechung

Motto: *»Vorsicht vor Aktionsplänen zu Problemen, die noch gar nicht richtig definiert und analysiert sind.«*

(mit Fragebogen zum Beobachten der fünf Phasen und Beobachtungsblatt)

Sicherlich wird jeder Beobachter etwas üben müssen, um bestimmen zu können, welcher Phase der Beitrag eines Teilnehmers zuzuordnen ist. Beachten Sie dabei bitte, dass in einer Wortmeldung verschiedene Phasen angesprochen werden können. So kann ein Teilnehmer zur Zielformulierung der Besprechung beitragen und außerdem Ursachen für das Problem nennen.

Fragebogen zum Beobachten der fünf Phasen einer Besprechung

Vorbemerkung

Beachten Sie bitte bei der Verwendung des Fragebogens, dass die Fragen sowohl zur Beobachtung der gesamten Gruppe als auch einzelner

Teilnehmer geeignet sind. So kann zum Beispiel die erste Frage lauten: »Ist sich die Gruppe über die Frage im Klaren?« oder »Ist sich der Teilnehmer X über die Frage im Klaren?«

Beantworten Sie die Fragen nicht nur mit ja oder nein.

Notieren Sie alle Beobachtungen, die Ihnen wichtig erscheinen.

Nehmen Sie die Fragen nur als Ausgangspunkt.

Entwickeln Sie zusätzliche Fragen.

Letztlich kommt es weniger darauf an, die Fragen zu beantworten, als der Gruppe bzw. dem einzelnen Teilnehmer ein treffendes Feed-Forward zu geben.

Stellen Sie sich bitte darauf ein, dass die Gruppe/der einzelne Teilnehmer Sie fragt: »An welchem konkreten Verhalten hat es sich gezeigt?«

Beobachten Sie bitte die Gruppe/den einzelnen Teilnehmer mit den Fragen:

1. Phase: Problemdefinition

- Ist sich die Gruppe/der Teilnehmer über das Problem im Klaren? Oder gibt es verschiedene Vorstellungen vom Problem? Woran zeigt sich das? Ist das Problem als Frage visualisiert?
- Hält die Gruppe/der Teilnehmer die Frage für wichtig?
- Sind alle Teilnehmer bereit, an der Lösung des Problems mitzuarbeiten?
- Ist die Gruppe/der Teilnehmer überzeugt, dass dieses Problem gelöst werden kann?
- Sind die folgenden Fragen beantwortet?
  - Welche Abweichungen von der Norm sind zu beobachten? Wo? Wann? Ausmaß? Richtung?
  - Kann sich die Abweichung ausweiten?
  - Wie dringend ist die Beseitigung?
- Ist sich die Gruppe/der Teilnehmer über Besprechungs- und Projektziel einig? Sind Besprechungs- und Projektziel visualisiert?

2. Phase: Zieldefinition

- Ist sich die Gruppe/der Teilnehmer über Besprechungs- und Projektziel einig? Sind Besprechungs- und Projektziel visualisiert?

- Hat die Gruppe definiert (der Teilnehmer dazu beigetragen), welchen Leistungsstandards das Ergebnis der Besprechung/des Projekts genügen muss? Wie gut muss das Ergebnis sein?

3. Phase: Ursachenanalyse

- Ist sich die Gruppe darüber im Klaren, wie und in welchem Zusammenhang das Problem entstanden ist? Was die möglichen Ursachen sind? Was ist die »Geschichte« des Problems?
- Fehlen der Gruppe wichtige Informationen? Wie und bis wann können sie beschafft werden? Weiß sich die Gruppe zu helfen?
- Wie geht die Gruppe bei der Suche nach den Ursachen und bei deren Gewichtung vor? (Kartenabfrage) Sucht sie nach einem Schuldigen? Berechtigt ist es zu fragen »wer übernimmt die Verantwortung?«

Und die Moral von der Geschicht': »Um die Lösung geht es nicht.«

4. Phase: Sammeln und Bewerten von Lösungsvorschlägen

- Wie erarbeitet die Gruppe Lösungsvorschläge? (Kartenabfrage)
- Bezieht sich die Gruppe immer wieder auf das Besprechungsziel und die Leistungsstandards, denen die Lösung genügen muss?
- Werden Vorschläge angeboten?
  Werden diese Vorschläge von den anderen Teilnehmern aufgegriffen konstruktiv ergänzt und verarbeitet?

- Müssen noch neue Informationen beschafft werden, um Lösungen zu entwickeln und zu bewerten?
- Entsprechen die endgültigen Vorschläge den Ursachen und den definierten Zielen/Leistungsstandards?
- Untersucht die Gruppe die Lösungsvorschläge auf mögliche Risiken? (Zum Beispiel mit Hilfe der Nutzwert- und Risiko-Analyse)

5. Phase: Entschlussfassung und Aktionsplan

»Eine Enthaltung ist keine Haltung«
(Guido Westerwelle)

- Fasst die Gruppe oder ein Einzelner einen eindeutigen und realisierbaren Entschluss?
  Ist dieser anhand der Leistungsstandards, denen das Ergebnis der Besprechung genügen muss, kontrollierbar?
- Bejaht jeder Teilnehmer den Entschluss?
  Unterschreibt jeder das Protokoll?
- Wie viele Teilnehmer (schätzen Sie) sind mit dem Entschluss vollständig einverstanden? (Siehe »Formen der Entschlussfassung« auf S. 72). Was ist daher zu tun?
- Sind mögliche Konsequenzen des Entschlusses bedacht worden? Gibt es eine »Analyse potenzieller Probleme«?
- Ist mit allen Teilnehmern geprüft, ob die Lösungen alle Fragen (siehe Problemdefinition) beantwortet haben?
  Sind alle Besprechungsziele erreicht worden? –
- Sucht die Gruppe/der Teilnehmer Lösungen für ähnliche Probleme?
- Ist die Entscheidung/sind die Aktionen so formuliert, dass die Verantwortlichen (sind sie benannt?) sie sofort realisieren?
- Wie wurden die Entschlüsse herbeigeführt?
  - durch Mehrheitsbeschlüsse (Majorisierung der Minderheit)?
  - durch Ringen um einen Konsens?
  - durch Nivellierung (»Fauler Kompromiss«)?
  - Hat sich die Gruppe der Entscheidung eines Gruppenmitglieds gefügt?

Am gefährlichsten für Kreativität und Innovation ist eine rücksichtslose Majorisierung, das Überstimmen der Minderheit Quelle: Erhard Dietl/ccc, www.c5.net

Wie gut können Mitarbeiter bei Entscheidungen mitwirken?

• gar nicht	17,7 %
• eher selten	32,8 %
• weiß nicht	8,8 %
• weitgehend	28,1 %
• ja total	12,6 %

Daher agile Teams schaffen – diese entscheiden selbst unternehmerisch und verantworten Umsatz und Ergebnis ihres Bereichs.

- Ist durch den Protokollführer sichergestellt, dass das »Real-time«-Protokoll bei allen ankommt, die über die Besprechungsergebnisse informiert sein müssen?
- Wer kontrolliert die Ergebnis-Umsetzung? (Zwischenberichte reifegradspezifisch erforderlich?)
- Wer koordiniert Maßnahmen, die erforderlich sind, um integrierte Ziele zu erreichen?
- Wer möchte zu dieser Besprechung noch etwas ergänzen?

- Ist vereinbart, dass der Moderator am Beginn der nächsten Besprechung fragt:
  - Sind alle Vereinbarungen eingehalten worden?
  - Sind alle Ergebnisse erreicht worden?
  - Ist der Aktionsplan abgearbeitet?
- Ist ein Follow-up zu dieser Besprechung erforderlich?
  Wenn ja, welches sind die offenen Fragen, wie sieht die Problemdefinition aus? Wer organisiert es? Termin?
- Selbstreflektion des Moderators:
  Was ist gut gelaufen? Was kann ich in Bezug auf Prozedur und Interaktion verbessern? (Diese Fragen kann auch die Gruppe mit Hilfe einer Kartenabfrage beantworten)

Verwenden Sie die fünf Phasen systematisch als »roten Faden« durch Ihre Besprechungen:

Problemlösung	statt	»Besprechungsspiele«/ Beschäftigungstherapie
1. Konkrete Fragen, »echte »Probleme	statt	Scheinprobleme
↓		↓
2. Messbare Besprechungs- und Projektziele	statt	keine oder unklare Ziele
↓		↓
3. systematische Ursachenanalyse	statt	ungeprüfte Vermutungen über Ursachen
↓		↓
4. problemlösende, ursachenbeseitigende Alternativen realisierbare Lösungen	statt	Beschränkung auf »erlaubte« Alternativen, Ausklammern von unkonventionellen Alternativen, »unfaire« Alternativen Scheinlösungen
↓		↓
5a. Entscheidung nach Nutzwert- und Risikoanalyse	statt	Entscheidung unter Gruppendruck
↓		↓
5b. Abgestimmter Aktionsplan mit eindeutigen Verantwortungsträgern und reifegradspezifischer Kontrolle	statt	»Sie wissen, was zu tun ist.«

Die »Rache der Logik«: In effizienten Besprechungen werden Fakten/ Beweise gesammelt und Meinungen/Allgemeinplätze demontiert.

Formen der Entschlussfassung (nach R. Ruddies)

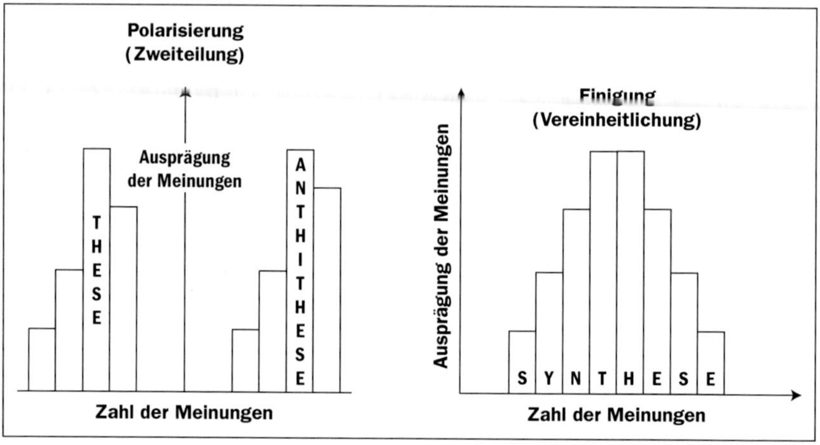

Am Beispiel von Reinhold Messners Besteigung der Eiger-Nordwand:

These: Tagsüber gefährdet ihn Steinschlag, weil das Eis taut.

Antithese: Nachts, wenn der Fels gefroren ist, sieht er nichts.

Synthese: Er steigt bei Vollmond auf.

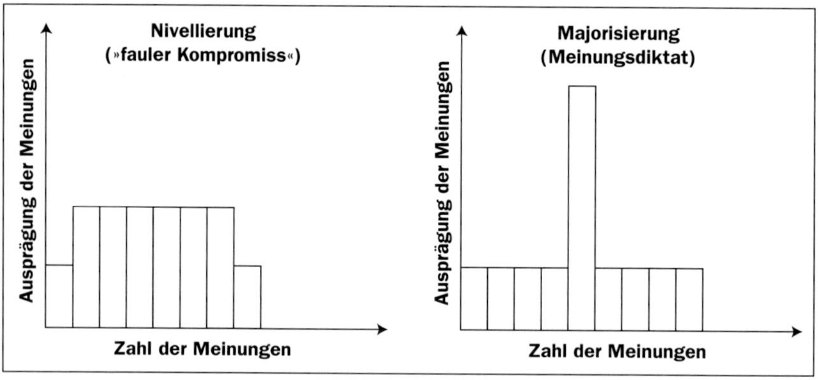

Sie wissen: Getroffene, gute Entscheidungen haben eine stress-reduzierende Funktion!

Hier nun zwei Beispiele, um die Methode zum Beobachten der fünf Phasen zu verdeutlichen:

»Erfassen der Inhalte im Zeitablauf einer Problemlösungsbesprechung«

1. Beispiel: Idealablauf (in der Praxis kaum realisierbar)

Charakteristisch: treppenförmiger Verlauf (xx Beiträge der Teilnehmer)

Phase	**Tätigkeiten**	**Zeitablauf**
5b.	Aktionsplan	X
5a.	Entschlussbildung	XX
	Vorschlagsgewichtung	XXXXX
4.	Lösungsvorschläge	XXXXX
	Ursachengewichtung	XXX
3.	Ursachenanalyse	XXX
2.	Zieldefinition	XXXX
1.	Problemdefinition	XX

2. Beispiel: »Live«-Aufnahme (verkürzt)

Charakteristisch: Verlauf in Form einer »Fieberkurve«
(Interpretation auf S. 64)

Phase	**Tätigkeiten**	**Zeitablauf**
5b.	Aktionsplan	X
5a.	Entschlussbildung	XX
	Vorschlagsgewichtung	XX X XX
4.	Lösungsvorschläge	X X XX
	Ursachengewichtung	XX X XXX
3.	Ursachenanalyse	X X XXX XXX XX
2.	Zieldefinition	X
1.	Problemdefinition	X XXX

Noch zu den fünf Phasen:
Die Zusammenfassung einer jeden Phase findet sich bei »schlanker« Protokollführung im auf Flip-Chart oder online visualisiertem Real Time-Protokoll. Dieses wird synchron mit dem Ablauf der Besprechung erstellt.

Die Zusammenfassung wird also nicht mehr vom Moderator oder Protokollführer vorgetragen.

Zur Interpretation des 2. Beispiels (S. 63):

Charakteristisch für viele Besprechungen ist es, dass die 1. und 2. Phase vernachlässigt werden. Das zeigt sich in unserem Beispiel auch daran, dass wesentlich später nochmals drei Beiträge zur Problemdefinition gebracht werden.

Unmittelbar nach der 1. Phase produziert einer der Teilnehmer spontan einen Lösungsvorschlag. Die Gruppe hält sich kurz mit der Gewichtung auf und geht dann in die Phase der Ursachenanalyse zurück. Die Beiträge werden teilweise sofort gewichtet.

Dies kann gefährlich sein, da unter Umständen Beiträge »gekillt« werden. Nach einem erneuten Ausflug in die 3. Phase bleibt man einige Zeit in dieser Phase. Die Gruppe merkt, dass das Problem nicht ausreichend definiert wurde. Dies wird nachgeholt. In der 4. Phase wird gegen die Forderung verstoßen, dass Lösungsvorschläge erst gesammelt und später gewichtet werden sollen.

Die bisher vorgestellten Methoden (Fragebogen, Beobachtungsblatt) können Ihnen helfen, sich selbst und andere Teilnehmer an Besprechungen im Einhalten der fünf Phasen zu trainieren.

Beobachtungsblatt: Erfassen der Inhalte im Zeitablauf einer Problemlösungsbesprechung

Fragen Sie sich bei jedem einzelnen Beitrag: Hat der Teilnehmer gerade etwas beigetragen zur Problemdefinition, zur Zieldefinition, zur Ursachenanalyse, zu den Lösungsvorschlägen oder zur Entschlussfassung? Tragen Sie unter »Zeitablauf« in der entsprechenden Zeile den Anfangsbuchstaben des Sprechers ein. Wenn Sie am Ende der Beobachtung die Buchstaben verbinden, erhalten sie eine »Fieberkurve«.

Sie zeigt, inwieweit es der Gruppe gelungen ist, die fünf Phasen konsequent zu durchlaufen.

Inhalte im Zeitablauf einer Problemlösungsbesprechung

Phase	**Tätigkeiten**	**Zeitablauf**
5b.	Aktionsplan	
5a.	Entschlussbildung	
	Vorschlagsgewichtung	
4.	Lösungsvorschläge	
	Ursachengewichtung	
3.	Ursachenanalyse	
2.	Zieldefinition	
1.	Problemdefinition	

Nun zu weiteren Aspekten in Besprechungen, die es sich lohnt zu beobachten, um den Teilnehmern ein begründetes Feed-Forward zu geben.

3.3.2 Die individuelle Redezeit

Halten Sie in Sekunden fest, wie lange jeder Teilnehmer redet (Formblatt S. 74). Errechnen Sie die Gesamtredezeit jedes einzelnen Teilnehmers absolut und relativ zu den anderen Teilnehmern. Erstellen Sie eine »Rangliste«. Verwenden Sie einen Zeitmesser ohne Ton: Die Geräusche können irritieren. Sie können davon ausgehen, dass sich Messfehler etwa gleich verteilen. Damit stimmen die Relationen zwischen den Teilnehmern. Und darauf kommt es vor allem an. Sie werden feststellen, dass die Redezeit ungleichmäßig verteilt ist:

Folgt Teilnehmer F vielleicht der Aussage von Wilhelm Busch?
»Gerade wenn man nichts versteht, der Schnabel desto leichter geht.«
Unterscheidet Teilnehmer F Aktivität von Produktivität?

»Der Tor hat das Herz im Mund. Der Weise die Zunge im Herzen.«
(Schwetzinger Schlossgarten)

In jeder Beratung droht die Gefahr sehr unterschiedlicher Beteiligung:

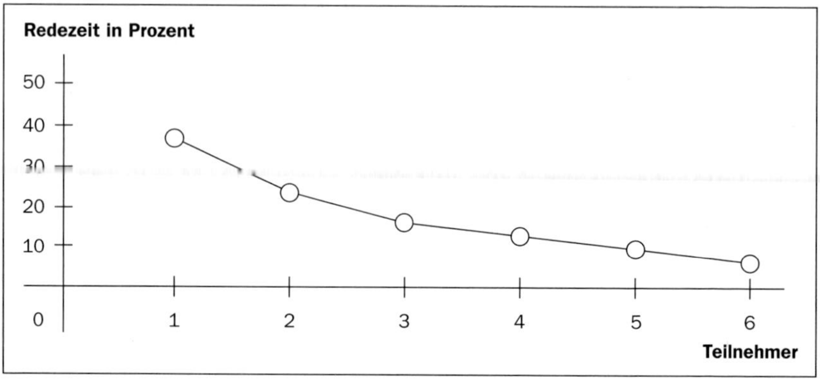

Vielleicht gilt für Teilnehmer 6: »Willst du klug und weise walten, lerne es, den Mund zu halten« und »Man bekommt beim Schweigen ganz gut ein Maß für die Zeit.«

Oder gilt für diesen Stillen: »Es gibt verschlossene Truhen, die leer sind«? (Denn nicht immer sind die Stillen die Weisen.) Dieser Teilnehmer wird voraussichtlich nicht mehr eingeladen. Er hat zu gut gelernt, den Mund zu halten!

Ist Schweigern klar, dass ihr Verhalten als Zustimmung interpretiert wird?

Was ist negatives Schweigen?

Wenn Konflikte, Enttäuschungen, Fehler nicht angesprochen werden. Dies gilt auch für wichtige und dringende Entscheidungen, die nicht gefällt oder immer wieder verschoben werden. Fazit: Ungeklärte Kommunikation lässt sich nicht durch Schweigen lösen.

Gründe für Schweigen

- hat nichts zu sagen
- ist desinteressiert
- hält etwas zurück

} Nicht mehr einladen!

- bereitet Antwort vor – denkt vor, geistig hochaktiv
- sammelt Informationen – zum Beispiel zur Gesprächsatmosphäre
- hat Angst vor Blamage
- Ist beleidigt (»die Gekränktheit des Schweigers«)
- das Schweigen ist eine Aussage (»beredtes Schweigen«, zum Beispiel: »Da stehe ich drüber«)

- Provokation
- harmonische Vertrautheit
- Erschöpfung

Die Verteilung der Redezeit kann Sie veranlassen, Dominanz- und Minoritätenprobleme in der Gruppe zu diskutieren. Wie kam es dazu? Was sind die Folgen?

Eine solche Diskussion lässt sich zusätzlich absichern durch:

3.3.3 Die Häufigkeit, Länge und Verteilung von Wortmeldungen, Unterbrechungen und nicht berücksichtigten Wortmeldungen

In das Formular »Häufigkeit und Verteilung der Wortmeldungen ...« auf S. 72 tragen Sie zunächst die Namen der Teilnehmer ein.

Der Beobachter stoppt die Redezeit in Sekunden und trägt diese ein. Er ergänzt dies durch die folgenden Beobachtungen (siehe S. 78 ff).

4 Die Interaktion in Besprechungen: Beobachten, Analysieren, Moderieren

»Die Dummköpfe sind so selbstsicher und die Klugen so voller Zweifel.«
(Bertrand Russell)

4.1 Die Zahl der Unterbrechungen und andere negative Interaktionen

Hier wird festgehalten,

- wer,
- wie häufig,
- wen unterbricht.

Eine Unterbrechung liegt vor, wenn der Sprechende nicht zu Ende reden konnte – aus welchen Gründen auch immer.

Registrieren Sie dies, indem Sie in das Formular »Häufigkeit, Länge und Verteilung der Wortmeldungen ...« dem Unterbrechenden ein X (steht für Unterbrechung) in sein Kästchen setzen.

Wenn sich die Unterbrechungen häufen, prüfen Sie:

- Wer hat zuerst unterbrochen?

____

____

- Wie drastisch wurde unterbrochen?

____

____

- Wie wurde auf Unterbrechungen durch den Betroffenen/die Gruppe reagiert? (Manche quatschen viel – wenn man sie lässt!)

____

____

- Hat sich die Frustration durch eine Unterbrechung darin geäußert, dass sich der Unterbrochene zurückgezogen hat, sich nicht mehr zu Wort gemeldet hat (Resignation) oder durch eigene Unterbrechungen verbal oder durch »Körpersprache« Ärger und Aggression signalisiert hat?

____

____

Sägeblatt-Effekt von Unterbrechungen

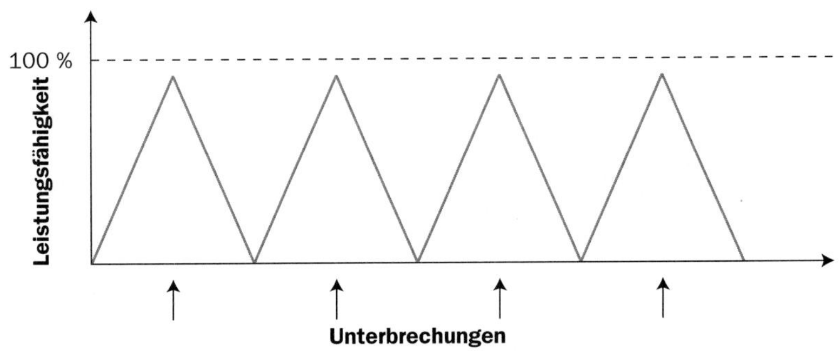

Wussten Sie, dass über 90 % aller Paare in Deutschland angeben, das Schlimmste sei, dass der Partner sie nicht ausreden lässt, sondern unterbricht?

Mathematisches Modell zur Beziehungsanalyse (James D. Murray): 700 Paare in den USA wurden über zehn Jahre untersucht. »Die Paare sollten sich nur unterhalten. 15 Minuten zu einem Schlüsselthema (Geld, Sex, Erziehung, gemeinsame Einrichtung) sind eine lange Zeit, in der von den Partnern alles Relevante gesagt wird.« »Im Versuch sollte sich das Paar gegenübersitzen und während der Unterhaltung anschauen. Eine Kamera dokumentierte alles, ein andere Gerät zeichnete den Pulsschlag der Probanden auf. Außerdem saßen sechs Psychologen hinter einer Spiegelwand und verteilten unabhängig voneinander Punkte für bestimmte Reaktionen wie Wut oder Verständnis, die sie aus Mimik oder Verständnis ableiteten... Die Ergebnisse der sechs Beobachter waren fast identisch... Wer mit Verachtung auf seinen Partner reagiert, erhält die meisten Minuspunkte, nämlich vier. Zuneigung gibt die Höchstzahl von vier Pluspunkten. Mit Wut oder Traurigkeit erzielt man auch Miese, wer die Gefühle aber mit Toleranz und Humor pariert, liegt im Plus.« »Die Punkte werden für jeden Partner addiert. So hat jeder Wortbeitrag am Ende einen bestimmten Wert.«

»Man erhält zwei Verlaufskurven. Jede positive Beeinflussung erhöht den Sicherheitswert für die Ehe. Etwa die Hälfte der Paare hatte sich nach dieser Zeit getrennt. In 94 % aller Fälle waren unsere Berechnungen richtig. Bei denen, von denen wir ausgerechnet hatten, dass sie sich scheiden lassen, betrug die Trefferquote sogar 100 %.«

Zehn negative Interaktionen:

- persönlich kritisieren
- nicht ausreden lassen
- Monologe halten
- aneinander vorbeireden
- indoktrinieren, dominieren: z. B. der Moderator »stiehlt« dem Protokollführer seine Funktion
- »Haare spalten«
- vor einem Problem fliehen, vertagen
- unbewiesene Behauptungen aufstellen, bluffen
- Einzelfälle verallgemeinern
- negativ über das Unternehmen/eine andere Person reden (»Motzen«)

Wie oft wird den Äußerungen des Vorredners widersprochen, um die eigene Position zu verteidigen oder die Position des anderen anzugreifen? (»Aber«, »contra«, »Widerspruch«)

Wird nicht oft mehr Zeit darauf verwendet, eine Idee zu zerpflücken, als sie zu entwickeln?

Je weniger ein Teilnehmer diese negativen Interaktionen zeigt, desto höher ist sein »Zivilisationsfaktor«.

Was sind meine verletzenden Verhaltensweisen, meine affektiven Kettenreaktionen, die Winziges ins Unendliche vergrößern, aus einer Schneeflocke eine Lawine produzieren? Wem gegenüber, in welcher Situation? Wen ärgere ich zu meinem eigenen Nachteil? Fühle ich mich ständig angegriffen? Nehmen Sie nicht an, dass die anderen Ihr Verhalten verkraften.

Stattdessen werden »schwarze Rabattmarken« geklebt. Sie wissen: Diese werden eingelöst – meist in einer für Sie ungünstigen Situation.

Motto:

- Durch Zurückhaltung niemand (emotionalen) Schaden zufügen.
- Argumentieren und immer den Respekt vor dem Andersdenkenden bewahren.
- Als Mehrheit selbstbewusst die Argumente der Minderheit abwägen.

Sechs Stufen der Zustimmung (Coverdale):

- Konsens: »Ich stehe voll hinter Ihnen.«
- Unterstützung: »Ich helfe Ihnen.«
- Akzeptanz: »Ich respektiere Ihr Vorhaben.«
- Gleichgültigkeit: »Es ist mir egal, was Sie anstreben.«
- Ablehnung: »Ich bin gegen Ihr Vorhaben.«
- Kampf: »Ich werde alles tun, was ich kann, um Ihr Vorhaben zu verhindern.«

»Explosion ist nicht Energie – belehrende Sturheit ist nicht Konsequenz – Gleichgültigkeit ist nicht Gelassenheit.« Quelle: Erhard Dietl/ccc, www.c5.net

Kann ich in einer konfliktären Situation das, was ich vertrete, wirklich präzise in Form einer These artikulieren? Ist es in Debatten nicht häufig schwieriger, die eigene Sicht exakt zu definieren, als sie nur zu verteidigen? Haben Sich sich auch schon gefragt: »Worüber haben wir uns eigentlich so gestritten?«

Allerdings: Besser eine heftige Diskussion als tödliches Schweigen. Denn Enthaltung ist keine Haltung. Und Streiten ist immer noch eine Form von Kommunikation: »Nie ist der Sex so schön wie nach einem kräftigen Streit«, sagt man in Schwaben.

4.2 Nicht berücksichtigte Wortmeldungen

Notieren Sie im gleichen Formular (S. 72 unten), wenn ein Teilnehmer sich zwar zu Wort gemeldet hat, aber nicht berücksichtigt wurde, weil sich die Dominanz eines Besserwissers schneller durchgesetzt hat. Schreiben Sie in das Feld dieses Teilnehmers »nb« (für »nicht berücksichtigt«).

4.3 Durcheinanderreden der Teilnehmer

Zeichnen Sie immer noch im Formular »Häufigkeit, Länge und Verteilung der Wortmeldungen …« eine Wellenlinie ein, wenn mehrere Teilnehmer zur gleichen Zeit sprechen.

Ein Ausschnitt aus dem Formular »Häufigkeit, Länge und Verteilung der Wortmeldungen …« kann so aussehen:

- Häufigkeit und Verteilung der Wortmeldungen — Zeit in Sekunden
- Unterbrechungen — X
- nicht berücksichtigte Wortmeldungen — nb
- Durcheinanderreden — ~

Name / Zeit	O	S	D	F	J	
				3		
	1					
	~	~	nb			
				2		
	1					
					2	
				x 8		
			2			
				x 5		
					2	
				5		
	2					
				2		
	1					
				1		
	1					
	~	~	~	1		
		3				
				x 2		
	6					
					2	
		2				
	3					
		1				
	~	~				

Häufigkeit, Länge und Verteilung von Wortmeldungen

Prüfen Sie künftig anhand Ihrer eigenen Aufzeichnungen im Formular »Häufigkeit und Verteilung der Wortmeldungen«, ob Ihre Besprechung mehr als Ansprache (Monolog), als Dialog oder als Aussprache geführt wurde. Dialoge sind daran zu erkennen, dass über längere Strecken nur zwei Teilnehmer miteinander korrespondieren und die anderen ausgeschaltet sind (wie in dem Beispiel zu erkennen).

Mitunter haben Besprechungen mehr den Charakter eines »social event« als einer Problemlösungsveranstaltung.

Aussprache/Multilog herbeiführen:

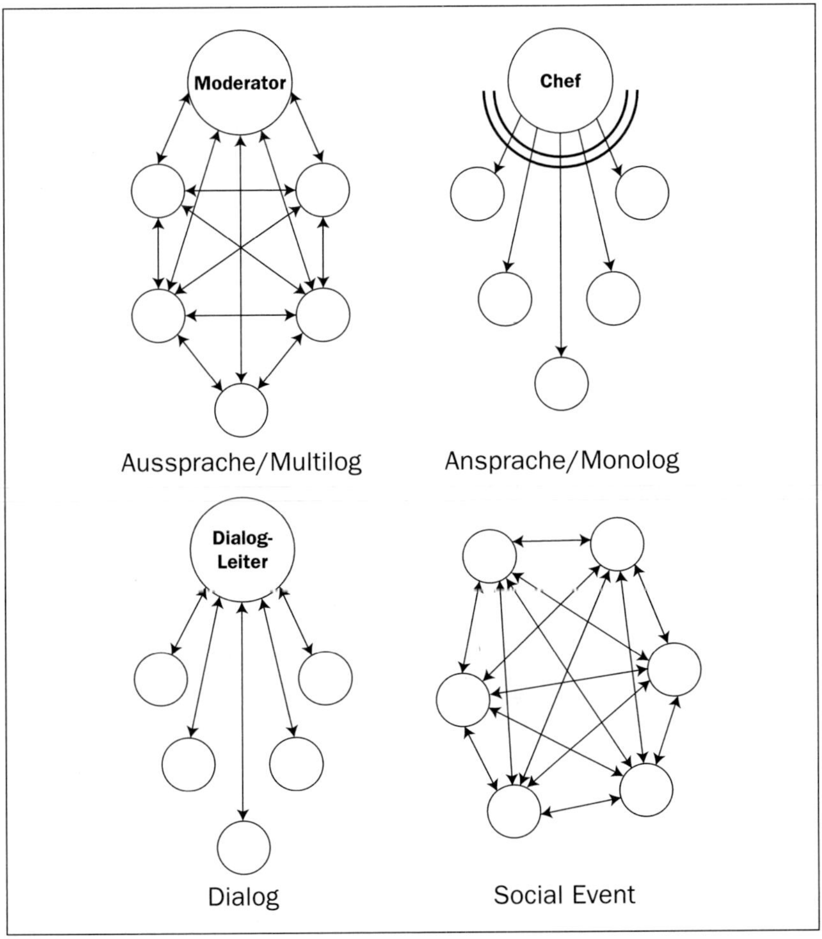

▶ Durcheinanderreden der Teilnehmer

Um die **Beobachtungsergebnisse übersichtlich darzustellen,** benutzen Sie das folgende Schema:

Name	Zahl der Beiträge absolut	Zahl der Beiträge Prozent	Zeit absolut	Zeit Prozent	Quassel-Index (QI): durchschnittliche Dauer des einzelnen Beitrags (Zeit dividiert durch die Zahl der Beiträge)	Unterbrechungen (hohe Zahl = geringer Zivilisationsfaktor)	nicht berücksichtigte Wortmeldungen
Summe		100		100			

Die Spalte »durchschnittliche Dauer des einzelnen Beitrages« ergibt den »Quassel-Index«. Sie errechnen ihn, indem Sie die Gesamtredezeit des einzelnen Teilnehmers (in Sekunden) durch die Zahl seiner Beiträge dividieren. Sarkastische Beobachter haben die These aufgestellt, dass der »Quassel-Index« (QI) umgekehrt proportional sei zum IQ (Intelligenz-Quotient).

Wenn Sie mit den anderen Teilnehmern die Ergebnisse diskutieren, verweisen Sie bitte darauf, dass die Aufzeichnungen nicht hundertprozentig genau sein können. Für eine Trend-Darstellung reichen sie jedoch aus.

Eine solche Diagnose wird den Teilnehmern durch wertfreie Informationen – das heißt ohne Kritik – wichtige Hinweise für Verbesserungen geben.

Sie können diese Aussagen ergänzen, indem Sie die Teilnehmer vor der Diskussion der Beobachtungsergebnisse bitten, ihre Ansichten zum Ablauf der Besprechung zu äußern. Mündliche Äußerungen werden allerdings häufig durch die Anwesenheit anderer Teilnehmer (Gruppendruck) verfälscht: Verwenden Sie daher den Fragebogen »Stellungnahme zur Besprechung« auf S. 91.

Eine andere Möglichkeit:
Lassen Sie einen Besprechungsteilnehmer mit den »Fragen zum Beobachten einzelner Teilnehmer« arbeiten (s. S. 87). Bitten Sie den Beobachter, jedem Teilnehmer im Einzelgespräch ein persönliches Feed-Forward zu geben.

4.4 Effizienzanalyse: Die Qualität der Beiträge

»Unterhaltung ohne Substanz ist kein Qualitätsmerkmal...«
(Peer Steinbrück)

Wie verhalten Sie sich als Moderator, wenn ein Teilnehmer die ganze Gruppe »nervt« und diese auf Ihre Intervention wartet.

Ein solcher Teilnehmer bringt

- die meisten Beiträge,
- hat die längsten Redezeiten,
- unterbricht am häufigsten,
- behauptet: »Ich trage inhaltlich ja am meisten bei.«

Sie verschaffen ihm eine wertfreie Information (wut- und kritikfrei) mittels der Effizienzanalyse. Teilnehmer an Seminaren zu »Konfliktverhalten und Techniken in Besprechungen« haben sie mitgestaltet.

Sie basiert darauf, dass ein Teilnehmer sowohl zum sachlichen Inhalt, als auch zu Prozedur und Interaktion beitragen kann.

Die drei Elemente einer Problemlösungsbesprechung

Prozedur	Ablauf und Struktur
Inhalt	Beiträge zum Problem und zum Ziel
Interaktion	zwischenmenschliche Wechselwirkung

Zum Beobachten der Besprechungsgruppe und damit auch des »nervigen« Teilnehmers dient der Bogen

Analyse der Effizienz (Aufnahme)

Name	Prozedur					Inhalt					Interaktion				
	–2	–1	0	+1	+2	–2	–1	0	+1	+2	–2	–1	0	+1	+2

Die Beiträge zu diesen drei Kriterien werden mit einer fünfstufigen Skala bewertet. Dabei bedeutet:

–2 extrem ziel-hindernd
–1 eher hinderlich
0 ziel-neutral
+1 ziel-fördernd
+2 extrem ziel-fördernd

Beispiele für die Bewertung von Äußerungen:
+2 Interaktion: München, Viktualienmarkt, Fischgeschäft.
Der Kunde fragt »Ist der Fisch auch frisch?« Inhaber Witte antwortet: »Der Atlantik ist gleich hinterm Haus.« (Eine +2 für Interaktion bedeutet den Sieg des Lachens über den sonst dominierenden Verstand). (SZ)

+2 Interaktion, hier als Witz: Bürgermeister Wowereit über Berlin: »Arm aber sexy.« Sagt das Verfassungsgericht: »Dann gilt: Geiz ist geil!«

+2 Interaktion: Sahra Wagenknecht zu Joachim Löw: »Rechter Fußball ist der Terror der Taktik. Beim linken Fußball geht es auch um die Ästhetik des Spiels und die Freude der Menschen. Ist Deutschlands Fußball linker geworden?« Joachim Löw: »Mir ist wichtig, dass meine Spieler links und rechts gut schießen können.«

–2 für Interaktion für Charlotte Merz: Beim Versuch, den CDU-Parteichef Friedrich Merz zu interviewen, scheitert der Journalist van der Horst zuersta an den Bodyguards, die ihn abdrängen. Und schließlich an dessen Frau Charlotte Merz. »Leitkultur bedeutet doch auch zu antworten, wenn man was gefragt wird, oder?«, ruft der Reporter bei seiner vergeblichen Anfrage. Daraufhin geht Charlotte Metz auf van der Horst zu und fasst ihn an den Arm, mit dem er das Mikrofon hält. »Leitkultur bedeutet als allererstens zu fragen, ob man eine Antwort geben möchte«, sagt Merz. Währenddessen drückt sie das Mikrofon runter, offenbar um eine Aufzeichnung des Tons zu unterbinden oder zu erschweren. (Mai 2024).

–2 Interaktion: Alle »Killerphrasen« (siehe S. 86)

–2 Interaktion: Lidl-Manager Klaus Gehrig scheitert im Fernsehen durch Aussagen wie »Reden Sie nicht so einen Blödsinn.« Am Ende meint er zu einem Versöhnungsangebot von Herrn Wallraff: »Ich mache hier nicht Shakehands mit einem Herrn Dings.« Zum Stern-Reporter: »Von so ein paar Quertreibern lasse ich mir die Stimmung nicht schlechtmachen.« (SZ)

–2 Interaktion: Chef zu einer schwangeren Mitarbeiterin, weil sie oft fehlt: »Faulste Mitarbeiterin Deutschlands«. (Gerichtsurteil: »Wer andere verunglimpft, muss Schmerzensgeld zahlen«, 2.500 €)

–2 Interaktion, Rudi Völler: »Oliver Bierhoff sollte sich in den nächsten Tagen bei Dr. Müller-Wohlfahrt untersuchen lassen. Das permanente Sich-selbst-auf-die-Schulter-Klopfen muss doch schmerzhafte Schädigungen nach sich ziehen.«

–2 Interaktion: Vorstand zum Entwickler »So etwas habe ich früher auf

Klopapier entworfen.« (Das nächste Mal präsentiert der Entwickler auf Klopapier).

+2 Prozedur:	Der Moderator fordert zu einer Kartenabfrage auf.
–2 Prozedur:	»Was soll das mit der Kartenabfrage? Das dauert doch viel zu lang.«
–2 für Prozedur:	Der Protokollführer nimmt Beiträge nicht auf.
–1 für Interaktion:	»Ich will, dass das ganz klar ist!«
+2 Prozedur:	»Dient das der Problemdefinition, an der wir gerade arbeiten?«
	»Sollten wir die Themen nicht priorisieren?«
	»Wie passt dieser Lösungsvorschlag zu dieser Ursache?«
+2 für Inhalt:	»Wer muss involviert werden?«

Die Bewertungen für die einzelnen Teilnehmer werden mit Punkten für Prozedur, Inhalt oder Interaktion eingetragen (Bogen Analyse der Effizienz). Die Addition der für jeden Teilnehmer ermittelten Punkte wird eingetragen in den Bogen

Analyse der Effizienz (Auswertung)

Name	Prozedur			Inhalt			Interaktion		
	–	+	Saldo	–	+	Saldo	–	+	Saldo
Gruppe									

Ein konkretes Beispiel (die Namen wurden entfernt):

Name	Prozedur			Inhalt			Interaktion		
	–	+	Saldo	–	+	Saldo	–	+	Saldo
	2	3	+ 1		8	+ 8	7	5	– 2
	10	26	+ 16		3	+ 3	16	1	– 15
	3	1	– 2		9	+ 9	3	5	– 2
	10	13	+ 3		10	+ 10	19	9	– 10
	3	3	0		10	+ 10	3	3	0
Gruppe	28	46	+ 18	0	40	+ 40	48	23	– 29

Wenn Sie die Ergebnisse durch den Beobachter vortragen lassen:

Keine weiteren Bewertungen! Die erhobenen Fakten sprechen für sich – jeder Teilnehmer wird seine Folgerungen ziehen. So haben Sie ein Feed-Forward ermöglicht. Den Teilnehmern kann eine Kopie der Auswertung der Effizienzanalyse ausgehändigt werden.

Verständnisfördernd ist es, wenn ein Beobachter konkrete Äußerungen notiert hat und diese als Beleg für die Bewertung zitiert.

4.5 Fragen zum Beobachten und Auswerten des Vorgehens in einer Besprechungsgruppe

Notieren Sie bitte bei allen Ihnen wichtig erscheinenden Beobachtungen, »was« sich »woran« gezeigt hat. Was machen die Teilnehmer gut? Was ist zu verbessern?

- Werden in einem Beitrag mehrere Besprechungsphasen (Problem, Ziel, Ursache, Lösung, Entschluss/Aktion) angesprochen?
- Gibt es im Gespräch eine entscheidende Wende? Wenn überhaupt nötig – wann wäre eine solche Wende nötig/möglich gewesen?

- Wie beurteilen Sie die Aufgabenverteilung in der Gruppe? Gibt es einen Moderator? Gibt es einen Protokollführer? Hilft der Moderator den Teilnehmern, sich frei zu äußern? Achtet er auf eine ausgewogene Gesprächsbeteiligung?
- Wie beurteilen Sie die gewählte Sitzordnung?

Sitzordnung für strukturierte Problemlösungsbesprechung/»Beratung«

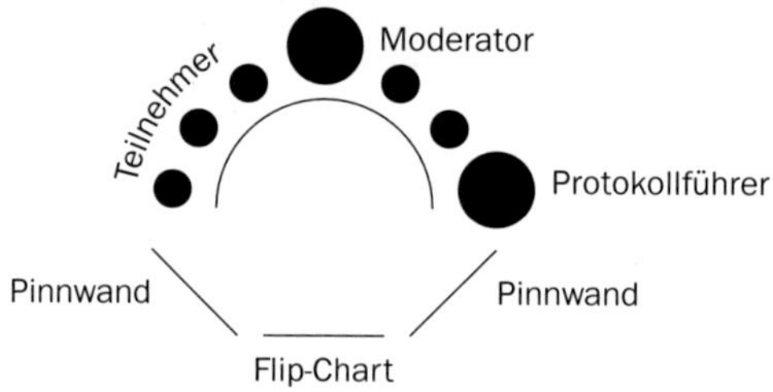

- Verwendet die Gruppe die vorhandenen arbeitstechnischen Hilfsmittel und Möglichkeiten (vor allem zur Visualisierung) optimal?

4.6 Fragen zum Beobachten und Auswerten der Interaktion in einer Besprechungsgruppe

Antworten Sie als Beobachter bitte nicht mit ja/nein. Notieren Sie alle Beobachtungen, die Ihnen wichtig erscheinen!

Halten Sie bitte auch die Antwort auf die Frage fest: »Woran hat es sich gezeigt?«

- Wer tut was für ein gutes Verhältnis zueinander?
- Welche Schwierigkeiten erschweren eine Verständigung?
- Haben Sie den Eindruck, dass sich ein oder mehrere Teilnehmer der Besprechung (verdeckt) aggressiv verhalten?
- Welche Teilnehmer rebellieren gegen Funktionen anderer? (Moderator, Protokollführer)
- Welche Teilnehmer weichen der Gruppenaufgabe aus, ziehen sich zurück, lachen oder witzeln, betrachten die Problemdefinition mehr als Unterhaltung?

- Bilden sich eine oder mehrere Untergruppen, in der die persönlichen Beziehungen deutlich besser sind als im Rest der Gruppe?
  Ist die Gruppe homogen? Gibt es »Paare«, »Trios«?
- Verhalten sich Teilnehmer unpersönlich oder gehemmt anderen gegenüber?
- Lässt man einander ausreden, wer fällt wem ins Wort? Wann und warum reden die Teilnehmer durcheinander? Hören die Teilnehmer einander zu? Wie aufmerksam?
- Ist der Moderator und die Gruppe zielbewusst? Lässt der Moderator die Zügel schleifen?

  Wer weicht am meisten von der Problemdefinition ab?
  Wer hilft der Gruppe, am Ball zu bleiben? Wer weist immer wieder auf Problem und Ziel hin?
  Wer trägt am besten zur Analyse der Ursachen bei?
  Wer bringt die besten Lösungsvorschläge?
  Wer drängt auf eine Entscheidung?
- Wer ist darauf aus, Punkte für sich zu gewinnen oder den eigenen Standpunkt durchzusetzen?
- Werden abweichende Ansichten genügend angehört?

  Wer ist Außenseiter? Wie kommt es dazu? Was tut die Gruppe, diese Teilnehmer zu integrieren? Haben alle Mitglieder ausreichend Gelegenheit,ihre Meinung zu äußern?
- Welche Teilnehmer benötigen die Unterstützung von anderen?
- Welche Killerphasen werden vom wem verwendet? (Beispiele auf S. 86)
- Gibt es einen »Igel«? (Lehnt nach allen Seiten ab)
- Gibt es ein »schwarzes Schaf«? (Wird von allen abgelehnt)

»Und ist die Gruppe noch so klein, einer muss der Kasper sein«:
Gibt es in meinen Besprechungen ein »schwarzes Schaf«? Quelle: Erhard Dietl/ccc, www.c5.net

- Gibt es einen »Saboteur«?
  (Er gibt vorwiegend negative Äußerungen an die gesamte Gruppe)
- Wer wird von der Gruppe als Führer akzeptiert? Wer versteht es am besten, die anderen zu beeinflussen, ihre Meinung zu ändern?
  Wer ist der »Star« oder »Stern«? (Er hat den höchstens Status, stellt sich in den Vordergrund)
- Gibt es »Langredner« in der Gruppe?

Maßnahmen, wenn Teilnehmer Monologe halten

Langredner aus innerer Unsicherheit (Will endlich auch einmal gehört werden)	**Langredner aus Übersicherheit** (Überträgt seine Kompetenz auf einem Gebiet auf andere Gebiete)
Aktives Zuhören: zusammenfassende Frage stellen	Besprechungsregeln vereinbaren
↓	↓
Ergebnis für's Protokoll formulieren, im Protokoll sichtbar festhalten. (»Habe ich Sie richtig verstanden, dass ihr Beitrag so in unser Ergebnis-Protokoll aufzunehmen ist?«)	gezielt nachfragen/nachfassen (»Bitte Ihre präzise Kurz-Zusammenfassung für unser Ergebnis-Protokoll«)
↓	↓
Ergebnisse bestätigen	in zwei bis drei Sätzen zusammenfassen **lassen**, konkretisieren **lassen**
↓	↓
führt zu Sicherheit durch Anerkennung	Nützliches im Protokoll festhalten
↓	↓
Ziel: Das Selbstbewusstsein wird gefördert. Weiß, dass ihm/ihr zugehört wird. Redet daher kürzer	Weiß, dass der Protokollführer nachfragt und er dann »Farbe bekennen« muss. Redet daher kürzer Eventuell zum Protokollanten machen. Ziel: Selbstzweifel an eigener Kompetenz wird geweckt. Fragt sich: »Sind meine langen Beiträge wirklich erwünscht?«

↘ **Kürzere Beiträge** ↙

»Gerade, wenn man nichts versteht, der Schnabel desto leichter geht.« (Wilhelm Busch)

Langredner halten sich an Karl Valentin: »Es ist zwar schon alles gesagt, aber noch nicht von mir!«

Sie finden immer einen Satz, der passt. Zum Beispiel den:
»Ich dachte, ich hätte mich getäuscht – aber es war ein Irrtum.«

Sie reden sich so in Fahrt, dass sie hinterher von sich überzeugt sind. So der ehemalige Kommunarde Fritz Teufel: »Wir hatten von nichts eine Ahnung, wussten aber alles besser.«

Zur wissenschaftlichen Herleitung der »Langredner«-Problematik hier noch Prof. Th. O. Salbaderers neueste Forschungsergebnisse:
»Die Dynamik des Sitzungsbetriebs ergibt sich aus dem Konzept der ›Aufladung‹: Die Selbstdarstellung eines Teilnehmers führt zu einer zusätzlichen Aufladung bei den anderen Sitzungsteilnehmern und damit zur Notwendigkeit weiterer Interventionen. Jede Sitzung endet zwangsläufig mit einem Rest nicht entladener Potenz, nicht erfüllter Bedürfnisse nach Bestätigung. Diese führen zur Anberaumung der nächsten Sitzung.« Alles klar?!

Noch einmal Karl Valentin: »Es genügt nicht, keine Gedanken zu haben. Man muss auch unfähig sein, sie (kurz) auszudrücken.«

Sprechen nicht mit Führen verwechseln. Reden erzeugt schnell Abwehr. Dagegen: Wer richtig schweigt, führt! Zuhören schafft Sympathie.

- Wer beteiligt sich an welchem Spiel?
  - Verlierer-Gewinner-Spiel (falsche Aussagen bei anderen feststellen)
  - Ideen-Killer-Spiel (Korrektur oder Abschießen der Ideen anderer)
  - Schwarzer-Peter-Spiel (bei Problemen wird nach dem Schuldigen gesucht statt nach Lösungen)
  - Diva-Spiel (die Höhe des hierarchischen Ranges bestimmt, ob eine Idee richtig ist)
  - Kompetenz-Spiel (Arroganz von Experten/Führungskräften: »Feuern« auf Vorschläge anderer)
  - Blinde-Kuh-Spiel (Vorgehen ohne Problemlösungsstrategie)
  - Profilierungs-Spiel (viel Reden wird mit Kompetenz gleichgesetzt)
- Welcher Teilnehmer nimmt welche Funktion wahr?
- Wer zeigt am wenigsten/am meisten Interesse und Initiative?

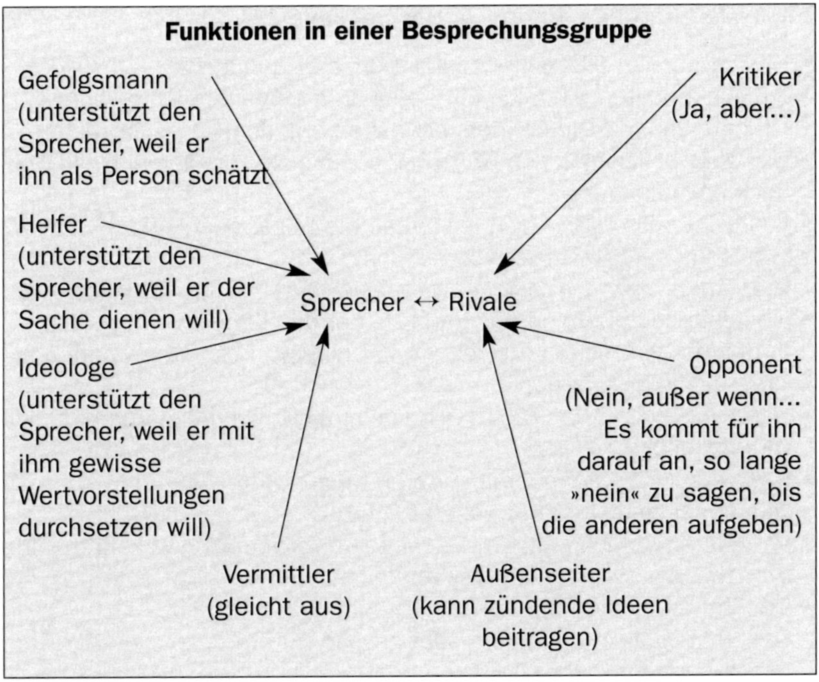

Regel:
Sagt jemand »aber«, »nein«, »Veto«, »kontra«, hat er eine konstruktive Alternative anzubieten.

- Wie geht welcher Teilnehmer mit Problemen um? (nach A. Sahm)

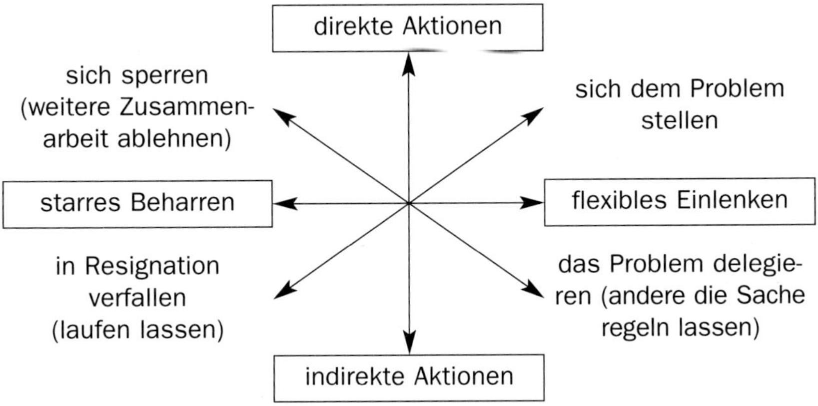

Beispiele für »**Killerphrasen**« **in Besprechungen**

- Das versuchen Sie mal bei der Art unserer Kunden.
- Vielleicht sollten Sie auch ein wenig an die Ausnahmen denken.
- Ich kann Ihnen Fälle nennen, bei denen das auf keinen Fall geht.
- Das geht vielleicht in den USA, aber bei uns sind die Verhältnisse wohl doch etwas anders.
- Vielleicht sollten Sie auch einmal an die Kosten denken.
- Wie lange sind Sie eigentlich bei uns?
- Die Konkurrenz lacht sich tot, wenn sie hört, was wir vorhaben.
- Ich kenne nicht einen Konkurrenten, der das jemals versucht hätte.
- In der Theorie mögen Sie recht haben, aber in der Praxis sehen die Dinge völlig anders aus.
- Das haben wir im Jahr 2015 schon einmal versucht – darunter leiden wir jetzt noch.
- Das versuchen Sie mal mit unseren Mitarbeitern.
- Das passt nicht zum Ruf unserer Firma.
- In unserer Branche liegen die Dinge völlig anders. Ich kenne keine Branche, die sich mit unserer vergleichen ließe.
- Das ist vielleicht in der Konsumgüterindustrie möglich.
- Das geht vielleicht in einem sehr großen Unternehmen/sehr kleinen Unternehmen.
- Ich bin jetzt seit 2010 in der Firma und das haben wir noch nie so gemacht.
- Völlig unnötig! Das machen wir schon seit Jahren.

Hier können Sie drei ähnliche Killerphrasen aufschreiben, die Sie in den letzten Tagen gehört oder benutzt haben:

____

____

____

»Sie rufen ohne Ruh': Geht aufeinander zu! Die aber hören bloß: Geht aufeinander los!«
(Hardy Scharf: Worte sind Waffen!) Quelle: Karl-Heinz Brecheis

4.7 Fragen zum Beobachten einzelner Teilnehmer

Selbstorientiertes Verhalten:
Zeigt das Gruppenmitglied durch sein Verhalten, dass es mehr an der Erfüllung der eigenen Bedürfnisse interessiert ist als daran, der Gruppe bei ihrer Zielerreichung zu helfen?

- Versuche, die Diskussion zu beherrschen
- andere unterbrechen
- nicht zuhören können
- übererregt, empfindlich, aggressiv reagieren
- über Argumente hinweggehen
- Verantwortung ablehnen

Teamorientiertes Verhalten:
Ist das Gruppenmitglied an den anderen Gruppenmitgliedern interessiert und hilft es ihnen, wirksam zusammenzuarbeiten?

- andere ansprechen
- andere in die Diskussion hineinziehen
- Vermitteln bei unterschiedlichen Meinungen
- Aufgreifen und Beachten guter Beiträge
- Spannungen reduzieren/lösen
- zur Kooperation ermutigen

Zielorientiertes Verhalten:
Richtet das Gruppenmitglied sein Hauptinteresse darauf, das Gruppenziel zu erreichen?
- die Prozedur, z. B. die 5 Phasen in Gang bringen
- mit anderen wertschöpfend kommunizieren
- Fragen stellen
- organisieren
- Übereinstimmung feststellen
- Probleme herausstellen und klären
- Ursachen bestimmen
- Lösungsvorschläge unterbreiten
- zur Entschlussfassung beitragen

Nichtverbale Kommunikation:
Wie waren Mimik, Körperhaltung, Gesten, z. B. Handbewegungen, Blickkontakte, Tonfall der Stimme? Was lässt sich daraus im Hinblick auf Stimmung, Gefühle und Absichten der Gesprächspartner ableiten?

4.8 Fragebogen zum Beobachten der Fragetechnik

Fragen	**Anzahl**	**Bemerkungen und Beispiele**
1. Stellt der Teilnehmer zuerst offene Fragen, um die Gesprächsteilnehmer zur aktiven Mitarbeit zu gewinnen?		
2. Stellt der Teilnehmer gezielte Fragen, um spezifische Auskünfte zu erhalten?		
3. Findet der Teilnehmer die Ursache(n) durch Fragen heraus?		
4. Stellt der Teilnehmer offene Fragen, um Vorschläge für Maßnahmen zu erhalten?		
5. Stellt er gezielte Fragen, um nachteilige Auswirkungen, Kosten etc. zu ergründen?		
6. Stellt der Teilnehmer zusammenfassende Fragen, um sich der Übereinstimmung in der Gruppe zu vergewissern?		

Auf Fragen gibt es hoffentlich die richtigen Antworten.

Richtiges Antworten
• Den Fragesteller ausreden lassen. • Allen antworten. • Bei vielen Fragen: notieren und strukturieren. • Sach-Fragen sachlich beantworten. Fragen zu mir als Person persönlich beantworten. • Niemand durch meine Antwort blockieren. • Antworten geben, mit denen die Frage wirklich beantwortet ist. Maßstab: keine Nachfrage. • »Habe ich Ihre Frage vollständig beantwortet?«

4.9 Selbstkontrolle zum Verhalten in einer Besprechung

Auf den folgenden Skalen können Sie sich selbst einstufen.

Dies hilft ihnen, über Ihr eigenes Verhalten in einer Gruppe nachzudenken.

1. Die Klarheit, mit der ich meine Gedanken ausdrücke:
   sehr unklar ├──────────┤ außerordentlich klar
   0 1 2 3 4 5 6 7
2. Die Fähigkeit, in verständnisvoller, aufgeschlossener Weise zuzuhören:
   sehr gering ├──────────┤ sehr groß
   0 1 2 3 4 5 6 7
3. Die Fähigkeit, Ideen mit Schwung und Überzeugungskraft zu vermitteln:
   sehr gering ├──────────┤ sehr groß
   0 1 2 3 4 5 6 7
4. Die Fähigkeit, sich an Problem- und Zieldefinition zu orientieren:
   sehr gering ├──────────┤ ausgezeichnet
   0 1 2 3 4 5 6 7

5. Fragen zum Feedback-Verhalten:
   - Wie oft habe ich positives Feedback gegeben?
     (Wie oft habe ich andere ermutigt?)

     ____

   - Wie oft habe ich negatives Feedback gegeben?
     (Wie oft habe ich andere entmutigt?)

     ____

   - Wie oft habe ich positives Feedback bekommen?
     (Wie oft bin ich ermutigt worden?)

     ____

   - Wie oft habe ich negatives Feedback bekommen?
     (Wie oft bin ich entmutigt worden?)

     ____

4.10 Fragebogen zum Ausfüllen durch die Teilnehmenden nach der Besprechung

Stellungnahme zur Besprechung

1. Wissen Sie sicher, wie das Problem genau definiert, was die genaue Frage war? Bitte schreiben Sie die Frage auf: ____________________ ____________________	Nein Ja 0 1 2 3 4 5 6 7
2. Waren Sie mit der Problemdefinition einverstanden und haben Sie sich mit ihr identifiziert?	Nein Ja 0 1 2 3 4 5 6 7
3a. Wissen Sie sicher, wie Besprechungs- und Projektziel formuliert waren? Waren diese Ziele messbar? Bitte schreiben Sie die Ziele auf: ____________________ ____________________	Nein Ja 0 1 2 3 4 5 6 7
3b. Sind die Besprechungsziele erreicht worden?	Nein Ja 0 1 2 3 4 5 6 7
4. War die Diskussion sachlich?	Nein Ja 0 1 2 3 4 5 6 7
5. Wurden abweichende Ansichten genug gehört und unterstützt?	Nein Ja 0 1 2 3 4 5 6 7
6. Konnten Sie Fragen stellen und alle Ihre Argumente äußern?	Nein Ja 0 1 2 3 4 5 6 7
7. Die Teilnehmer verhielten sich hilfsbereit, anerkennend und integrierend (»und« statt »aber«).	Nein Ja 0 1 2 3 4 5 6 7

8. Blieb die Gruppe »am Ball«? Hat die Gruppe problem- und zielorientiert nach den fünf Phasen gearbeitet?	Nein Ja 0 1 2 3 4 5 6 7
9. Wurde im Konsens entschieden?	Nein Ja 0 1 2 3 4 5 6 7
10. Ist der Aktionsplan präzisiert worden? Welcher Verantwortliche tut was, wozu, mit wem, bis wann, zu welchen Kosten? Wer kontrolliert?	Nein Ja 0 1 2 3 4 5 6 7
11. Wird das Umsetzen der Meeting-Beschlüsse etwas bewirken?	Nein Ja 0 1 2 3 4 5 6 7
12. War der Zeitbedarf richtig kalkuliert?	Nein Ja 0 1 2 3 4 5 6 7
13. Wurde unnötig Zeit vergeudet? Womit? (z. B. durch Brainstorming statt Brainwriting mittels Kartenabfragen) ____________________	Nein Ja 0 1 2 3 4 5 6 7
14. Hat das Meeting zum vereinbarten Termin begonnen und geendet? Wenn nicht: Verspätungen bzw. Überschreitungen in Minuten ____________________	Nein Ja 0 1 2 3 4 5 6 7
15. Gab es vermeidbare Störungen? Wenn ja – welche? ____________________ ____________________	Nein Ja 0 1 2 3 4 5 6 7
16. War der Moderator zu aktiv?	Nein Ja 0 1 2 3 4 5 6 7

17. Erfüllte der Protokollführer die Kriterien der Checkliste? (S. 118–119)	Nein Ja 0 1 2 3 4 5 6 7
18. Lag am Ende der Besprechung das abgestimmte Real-Time-Protokoll vor?	Nein Ja 0 1 2 3 4 5 6 7

Erläuterung:

Lassen Sie den Fragebogen nach der Besprechung ausfüllen (anonym) und einsammeln. Lassen Sie die Angaben aller Teilnehmer am besten auf einen Fragebogen zusammentragen und visualisieren.

Diskutieren Sie die zusammengefassten Ergebnisse in der Gruppe: Ziehen Sie gemeinsam Folgerungen, um künftige Besprechungen zu verbessern oder um Routine-Meetings ausfallen zu lassen.

Üben Sie das Procedere und lassen ggf. die Teams in Besprechungstechnik trainieren.

Gemeinsam sind wir stärker, weil:
Jeder hängt mal durch!

Quelle: Erhard Dietl

5 21 Lenkungstechniken des Moderators in Besprechungen und Gesprächen

»Wir tragen Verantwortung, unser Handeln abzustimmen und uns auf Gemeinsamkeiten zu konzentrieren, nicht auf gelegentliche Meinungsverschiedenheiten.«
(Barack Obama)

Der Moderator sollte idealerweise von dem zu lösenden Problem nicht oder möglichst wenig betroffen sein. Daher wird er häufig von Besprechung zu Besprechung ausgetauscht. So wird auch dem Führungsnachwuchs die Chance gegeben, »social sensibility« und »action flexibility« in neuen Gruppen zu beweisen. Denn: Besprechungen sind neben Gesprächen/Verhandlungen und der großen Rede ein Ort von Führung.

Moderatoren können Gruppen machen – aber auch kaputt machen.
Sie arbeiten mit Energie – nicht mit Macht.
Moderatoren verhindern eine Einigung auf den kleinsten gemeinsamen Nenner der Phantasielosigkeit von Betriebsbeamten.

Was tut der Moderator nicht?
Dominieren, agitieren, konterkarieren, konditionieren.
Ein patriarchalischer Autokrat gewöhnt sich allerdings schwer daran, die Kreativität zu fördern und zufrieden zu sein, wenn seine Mitarbeiter ihre Probleme selbst lösen.

Was ist die **Funktion des Moderators?**
Er lässt diskutieren und moderiert auf einen konsensfähigen Entschluss hin. Integrierend ist er Ermöglicher – nicht Einpeitscher. Er stellt durch Fragen infrage. Klaus Kleinfeld: »Wenn Sie gut zuhören und ein paar clevere Fragen stellen, können Sie sich überall schnell einarbeiten«.

Für den Moderator ist es »allein wichtig, dass der Entscheidungsprozess gelingt und ein bestmögliches Ergebnis herauskommt« (Walter Straub).

Er weiß, dass Gleichwertigkeit in einer Besprechung mit »A« wie Achtung anfängt und mit »Z« wie Zuhören aufhört.

Fragen, die sich der Moderator vor und während der Besprechung stellt

- Welche Methodik vereinbare ich?
  (Zum Beispiel, dass eine Ablehnung zu begründen ist, nicht nur die Zustimmung oder dass auf ein »aber« oder »kontra« ein konstruktiver Vorschlag zu folgen hat)

- Wen fordere ich auf, sich zu äußern?
- Wenn etwas nicht eindeutig ist: Was veranlasse ich als Moderator?
- Wen fordere ich auf, seine Meinung (»ich meine«, »ich denke, es ist...«) durch Fakten zu begründen? Patrick Illinger: »Die Mühe, in umstrittenen Themen den Fakten kritisch und unvoreingenommen auf den Grund zu gehen, machen sich viele nicht mehr... Der rationale Umgang mit Fakten ist beliebig geworden.«
- Sorge ich dafür, dass neue Fakten und Argumente in die Problemlösung eingearbeitet werden?
- Wann ist was abzubrechen, weil es nichts mit der Problemdefinition zu tun hat?
- Wer verbirgt etwas hinter seinem Schweigen, das der Gruppe helfen könnte? (siehe auch S. 59, »Gründe für Schweigen«)
- Lasse ich Schweigen als Denkprozesse zu?
- Welche Missverständnisse und Konfrontationen entstehen durch unklare Begriffe? Zum Beispiel beim Diskutieren über Werte, Vision, Mission, Strategie, Ziele im Unterschied zu Aufgaben. Denn »die Sprache ist das Gewand der Gedanken« (Christian Morgenstern).
- An welchen Wendepunkten greife ich mit welchen Interventionen ein? (z. B. sechs Konfliktstile, drei Konfliktebenen, neun Konflikt-Phasen)
- Agiere ich erwachsen (Wertfrei, Wutfrei), wenn das Verhalten eines Teilnehmers die Gruppe oder mich unangenehm berührt?
- Veranlasse ich eine Analyse potenzieller Probleme, die aus einer Lösung folgen könnten?

Fragen, die der Moderator sich und der Gruppe vor einer riskanten Entscheidung stellt

- Welche Risiken können entstehen? Wie weit reicht meine Risiko-Fantasie?
- Wie stark wirken sich die Risiken auf den (Projekt-)Erfolg aus?
- Wie kann ich rational mit dem (unbekannten) Risiko umgehen?
- Wie riskant ist das, was ich vorhabe, wirklich?
- Wie viel Risiko will ich eingehen? (evtl. nur eine einen Adrenalinstoß?)
- Gibt es ein Risiko für meine Reputation?
- Wie wahrscheinlich ist das Eintreten des Risikos?
- Wie kann ich gegensteuern?
- Wie kann ich das Risiko vermeiden/verringern?
- Habe ich für riskante Situationen Faustregeln?
- Nutze ich die Intuition der Erfahrenen?
- Wie hoch ist der zusätzliche Aufwand, um das Risiko zu verringer?

So bleibt es »die Aufgabe dės Moderators, die Gesprächspartner zum Reden zu bringen, die Schweigenden und Zurückhaltenden zu provozieren, dafür zu sorgen, dass die Perspektiven gewechselt werden und dass das Ergebnis in der vereinbarten Zeit erzielt wird.« (nach SZ, 5.7.06)

Lenkungstechniken des Moderators in Gesprächen und Besprechungen

	Fragen
1. Der Moderator stimmt sich mit dem Protokollführer ab. Er händigt ihm die Checkliste aus. (S. 118/119)	• Wissen Sie jetzt genau, was Ihre Funktion als aktiver »Real-Time«-Protokollführer ist?
2. **Vor** der Besprechung werden alle Teilnehmer informiert und aufgefordert, sich gegenseitig alle für die Problemlösung erforderlichen Unterlagen zuzusenden sowie Fragen zu formulieren.	• Welche Detailfragen haben Sie zu unserer Grundsatzfrage der Problemdefinition und den Informationen? (Kartenabfrage)
3. Ermutigen	• Wie lässt sich die neue Idee weiterentwickeln? • Was möchten Sie aus Ihrer Erfahrung dazu beitragen? • Was halten Sie davon? • Was könnte noch eine Rolle spielen?
4. Interpretieren und konkretisieren lassen, visuelle zusammenfassen	• Ich bin mir nicht ganz sicher, ob ich verstanden habe, was Sie meinen. Können Sie das noch einmal präzisieren? • Ist es das, was Sie meinen? • Wollen Sie damit sagen, dass ...? • Darf ich noch einmal überprüfen, ob ich Sie auch wirklich verstanden habe?

5. den Protokollführer unterstützen	• Können Sie bitte Ihre Aussagen in Kurzform für unser Ergebnis-Protokoll zusammenfassen? • Sind Sie mit der schriftlichen Zusammenfassung des Protokollführers einverstanden?
6. Konkretisieren lassen	• Mit welchen aktuellen Daten belegen Sie Ihre Aussage? • Wissen Sie dazu ein konkretes Beispiel?
7. Erbitten von Vorschlägen, Ergänzungen	• Was könnte man sonst noch alles tun? • Fällt Ihnen noch etwas anderes ein? • Wer möchte die Gedanken von Herrn/Frau X weiter ausführen und interpretieren?
8. Pausen einlegen (siehe S. 101, »Wirkungen einer Pause«)	• Wollen wir diese Frage nach der Pause aufgreifen? Dann können wir uns während der Pause schon Gedanken machen.
9. Führen durch Fragen	• In welcher Phase befinden wir uns? • Sind wir uns bis hierhin einig?
10. Auf das als Frage definierte Problem zurückführen	• Glauben Sie, dass diese Aussage in direkter Verbindung zu unserem Problem und Ziel steht? • Wollen wir nicht erst diese Frage behandeln? • Ich verstehe Sie. Aber ist das nicht ein Punkt, den wir schon im Protokoll haben?
11. Vorhandene Fragen abgrenzen	• Gehört dies zu unserem Problem?
12. an Projekt- und Besprechungsziel erinnern	• Ein interessanter Beitrag: Was trägt er zur Lösung unseres heutigen Prolems bei und zum Erreichen unserer aktuellen Ziele?

13. These und Antithese herausarbeiten lassen, provozieren	• Können wir die bisher geäußerten Meinungen trennscharf formulieren? • These 1 und die Antithese 2 stehen konträr zueinander: Wie können wir eine Synthese erreichen?
14. Aktives Zuhören	• Habe ich richtig verstanden, dass Sie sagen ...?

15. Die »Karten-Technik« (Brainwriting) einsetzen lassen (durch Protokollführer):

a) Gemeinsam präzise Fragestellung erarbeiten
b) Karten groß beschriften lassen
(Alle Teilnehmer können die Karte lesen)
c) Karten durch Protokollführer gruppieren, anheften lassen
d) Karten ergänzen lassen
e) Karten gewichten lassen
(falls nicht aus der Zahl der zu einem Punkt angegebenen Karten ersichtlich)
f) An wichtigster Karte weiterarbeiten

16. Die Funktionen sauber trennen	»Jetzt spreche ich nicht als Moderator, sondern nehme inhaltlich Stellung.« (Gilt nur für kleine Gruppen)
17. Sich ständig fragen	• Wie kann ich der Besprechungsgruppe helfen? (z. B. durch Erinnern an Projekt- und Besprechungsziel)
18. Bei negativen Interaktionen	Schweiger aktivieren, Langredner bremsen. Eingreifen, sie selbst vermeiden.
19. Auf eine Entscheidung hinwirken	• Was ist nun entschieden? • Durch wen?
20. Am Ende der Besprechung	• Ist unsere Ausgangsfrage beantwortet? • Ist das Problem gelöst? • Ist unser Besprechungsziel erreicht? • Ist eine Entscheidung getroffen?

21. Real-Time-Protokoll am Besprechungsende unterschrieben ausgeben lassen! (Print oder digital)

Vorschlag für den Moderator zum Vorgehen vor und in einem Workshop (Gruppe mit mehr als neun Teilnehmern)

1. **Einladung** mit Vorinformation und Vorschlag für die Problemdefinition (als Frage) und Zieldefinition (Ausrufe-Zeichen!). Bitte: Alle Teilnehmer tauschen alle Informationen zur Problemdefinition untereinander aus. Vereinbarung: Wer moderiert? Wer führt ein »Online-Protokoll«?
2. **Im Workshop:** Problemdefinition durch Teilnehmer ergänzen lassen. (Kartenabfrage)
3. Protokollführer strukturiert die Karten. (Falls erforderlich mithilfe der Teilnehmer)
4. Ziel des Workshops und Projektziel gemeinsam mit den Teilnehmern erarbeiten. (Messbar!)
5. Ist die Gruppe damit einverstanden, dass in Kleingruppen zu den verschiedenen Themenkreisen synchron gearbeitet wird?
6. Methodik (fünf Phasen einer Problemlösungsbesprechung) den Teilnehmern vermitteln. (Dies führt zu vergleichbaren Ergebnissen und einheitlichem Vorgehen in den Kleingruppen.)
7. Kleingruppenarbeit (Gruppen Zeitbedarf schätzen lassen, Zuschlag 30 %)
8. Ergebnisse der Kleingruppenarbeit an die Wand hängen lassen – geordnet nach den fünf Phasen.
9. Alle Teilnehmer lesen die Ergebnisse aller Gruppen, notieren Verbesserungsvorschläge, Ergänzungen und Fragen.
10. Im Plenum die Ergebnisse diskutieren (am besten im Stehen vor der Wand mit den Ergebnissen der einzelnen Gruppen).
11. Der Protokollführer der jeweiligen Kleingruppe notiert die Ergebnisse der Diskussion in das auf Flipchart visualisierte Protokoll.
12. Das Plenum verabschiedet gemeinsam die Ergebnisse der Kleingruppenarbeit und klärt die Umsetzung (z. B. Einsetzen eines Projektmanagers für jede Kleingruppe).
13. Die Protokollführer der Kleingruppen sorgen noch während des Workshops dafür, dass alle Beteiligten die Protokolle unterschrieben mitnehmen können.

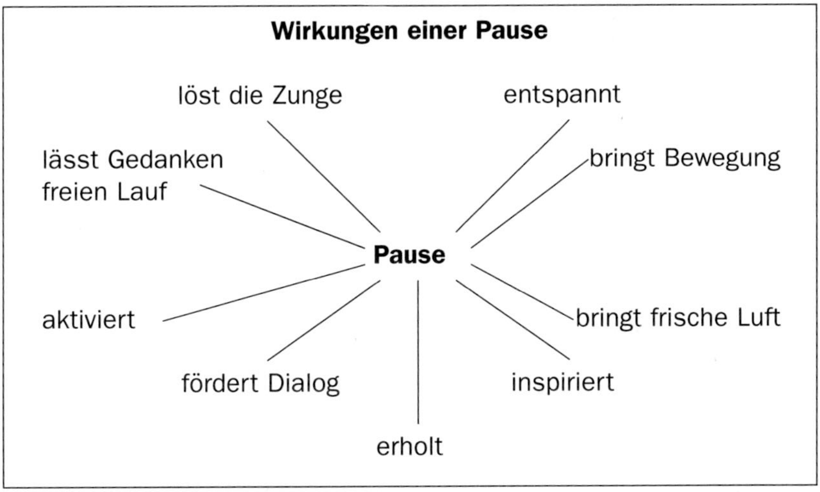

(nach S. Motamedi)

Pausen einplanen!
Wenn es hakt, aktiv vorschlagen/aussagen!

Skala zum Beobachten des Moderators

1. Wertschätzung Freundlich, tolerant, ermutigend, geduldig, anerkennend. Bewertung von Aktivitäten anhand vorher festgelegter Maßstäbe.	+3 +2 +1 0 –1 –2 –3	**Geringschätzung** Unfreundlich, intolerant, entmudigend, ungeduldig, abwertend. Belegt Aktivitäten mit Kritik, ohne dafür Maßstäbe zu nennen.
2. Partnerschaftliches Verhalten Realisiert durch sein Verhalten Gleichberechtigung, verhält sich als Gruppenmitglied, sieht den Einzelnen.	+3 +2 +1 0 –1 –2 –3	**Mangelndes partnerschaftliches Verhalten** Stellt Überlegenheit heraus, sieht nicht den Einzelnen.
3. Initiative und Förderung Durch Fragen anregend, sich zurückhaltend, ermöglicht Entscheidungsfreiheit und selbstständiges Arbeiten.	+3 +2 +1 0 –1 –2 –3	**Dirigismus** Anordnend, kontrollierend, verhindert selbstständiges Entscheiden und Arbeiten. Nützt Spannungen zwischen den Mitarbeitern für sich aus.
4. Hohe Steuerungsfähigkeit Erkennt Probleme der Gruppe schnell, hilft bei ihrer Überwindung.	+3 +2 +1 0 –1 –2 –3	**Fehlende Steuerungsfähigkeit** Erkennt Probleme der Gruppe nicht, verhält sich bei erkannten Problemen hilflos.
5. Engagement Engagiert und interessiert, lässt Informationen und Material vor der Besprechung bereitstellen. Setzt sich ein.	+3 +2 +1 0 –1 –2 –3	**Distanz** Wenig Engagement und Interesse, stellt Informationen und Material nicht vorab bereit, setzt sich nicht ein.
6. Echtheit Zeigt sich mit seinen Gefühlen und Schwächen, offen.	+3 +2 +1 0 –1 –2 –3	**Unechtheit** Will perfekt sein, verbirgt Gefühle und Schwächen. Lässt seinen Status fühlen.
7. Einfühlendes Verständnis Verständnis für die Sichtweise anderer, kann sich in andere und deren Probleme hineinversetzen. Gibt Gesprächspartnern das Gefühl, verstanden zu werden.	+3 +2 +1 0 –1 –2 –3	**Verständnislosigkeit** Sieht Probleme anderer nur aus seiner Perspektive. Gibt Gesprächspartnern nicht das Gefühl, verstanden zu werden.
8. Flexibilität Inhalt, Interaktion und Prozess werden flexibel berücksichtigt. Es werden keine Positionen bezogen, sondern gemeinsam Lösungen erarbeitet.	+3 +2 +1 0 –1 –2 –3	**Starrheit** Auf Aussagen zu Inhalt, Interaktion und Prozess wird nicht situationsgerecht agiert. Die eigene Position wird durchgesetzt. Will selbst »gewinnen«.

Selbstkritik bedeutet für den Moderator: Auf dem Teppich bleiben, obwohl das Parkett so schön glänzt!

6 Visualisierung in Besprechungen

»Reden ist Silber, Visualisieren ist Gold.«

Zum Ablauf von Besprechungen haben wir bisher aufgezeigt,

- in welchen fünf Phasen sich Problemlösungsbesprechungen gliedern lassen,
- mit welchen Methoden Besprechungen analysiert und durch das Feed-Forward an die Teilnehmer verbessert werden können.

Sie finden in diesem Kapitel:

- Was ist Visualisierung?
- Besprechung als Sitzung versus Besprechung als Begegnung
- Voraussetzungen für Visualisierung
- Formulieren des Textes, der visualisiert wird
- Regeln und Instrumente der Visualisierung
- Ein Beispiel für die praktische Anwendung

6.1 Was ist Visualisierung?

Einen wesentlichen Ansatz für effizientere Besprechungen hat vor Jahren das »Quickborner Team« entwickelt (E. Schnelle u. a., W. Kasprzik): Die Visualisierung.

Sie ist die »Ergänzung des gesprochenen Wortes und der Entwicklung des Gesprächsverlaufs durch optische Zeichen« (T. Schnelle-Cölln).

Damit ist gemeint, dass in Gruppen nicht nur geredet, sondern auch optisch dargestellt wird. Denn Menschen können circa 400 Worte pro Minute lesen, aber nur etwa 125 Worte sprechen. Jeder Teilnehmer ist nicht nur Sprecher, sondern auch Visualisierer seiner Beiträge. Dafür können Karten, Flip-Charts, Pinnwände und Medien wie beispielsweise Mikro, Whiteboard verwendet werden.

Um spontane Visualisierung in Gruppen zu ermöglichen, ist es wichtig, dass

- die Darstellung oder Aussage nicht unbedingt für sich allein sprechen muss,
- wenig vorgefertigte Zeichnungen gezeigt werden,
- nicht unbedingt ein geschlossener Gedankengang dargestellt werden muss.

Wird dies berücksichtigt, steigt die Interaktionsdichte in der Gruppe – z. B. durch Kartenabfragen. Interaktionsdichte ist ein einfaches Maß für das Kommunikationsverhalten:

Es wird die Zahl der Wortergreifungen pro Stunde (W/Std.) gezählt. 1 W/Std. sagt aus, dass ein Teilnehmer eine Stunde lang spricht. (Die Interaktionsdichte kann beispielsweise mit dem Formular »Häufigkeit, Länge und Verteilung der Wortmeldungen...« auf S. 72 erhoben werden.)

In Besprechungen kann immer nur eine Person zur gleichen Zeit sprechen. Da die Aussagen eine gewisse Zeit benötigen, gibt es manchmal nur ca. 180 Wortergreifungen pro Stunde.

Bei schwierigen Problemen oder in angespannter Atmosphäre wird länger gesprochen: Die Interaktionsdichte kann bei 100 W/Std. liegen. Dieses Maß sagt allerdings nichts darüber aus, wie sich die Wortergreifungen verteilen, also ob in einer Gruppe zwei, drei oder alle Mitglieder aktiv sind. (Siehe hierzu den Beobachtungsbogen »Häufigkeit, Länge und Verteilung der Wortmeldungen...« auf S. 72. Mit diesem Bogen werden sowohl die W/Std. als auch die Verteilung auf die Teilnehmer festgehalten.)

Das Maß W/Std. sagt auch nichts aus über die kürzesten oder längsten Wortergreifungen. (Beobachtungsbogen für die Redezeit in Sekunden pro Teilnehmer« auf S. 73. Mit diesem Bogen wird die Länge der einzelnen Beiträge – der »Quassel-Index« – registriert.) Um die Daten für das Feedback an die Teilnehmer übersichtlich darzustellen, können Sie das Schema auf S. 74 verwenden.

Das Maß W/Std. drückt nicht aus, wie oft sich das Gespräch im Kreis gedreht hat, wie oft innerhalb der fünf Besprechungsphasen gesprungen wurde. (Verwenden Sie hierzu das Beobachtungsblatt »Erfassen der Inhalte im Zeitablauf einer Problemlösungsbesprechung« auf S. 65.)

6.2 Besprechung als »Sitzung« versus Besprechung als Beratung

Besprechung als »Sitzung«	**Besprechung als Beratung**
In herkömmlichen Besprechungen wird fast ausschließlich mit Stimme und Ohr kommuniziert.	Wir ergänzen den Kommunikationskanal »Stimme-Ohr« durch »Auge-Hand«. Wenn Auge und Ohr zusammen 100 % Informationen aufnehmen, nimmt das Auge davon 70–80 % auf.

Besprechung als Sitzung	**Besprechung als Begegnung**
Das führt zur Beschränkung auf diesen Kommunikationskanal: Sprecher und Hörer werden um einen Tisch gruppiert. Wenn sie an einem langen Tisch aufgereiht sitzen, wird es schwierig, sich zu sehen. So wird jede Konferenz zur Sitzung.	Das bedeutet, dass jeder Gesprächspartner Zugang zu Schreibflächen und Schreibmaterialien hat. Alle können alles sehen, was auf Flipcharts entsteht. Der Gruppe sind die Gesprächsbeiträge optisch präsent.
Wer nur sitzt, um sich zu besprechen, braucht wenig Platz: 2 oder 3 qm pro Person. Das Raumzentrum wird von einem großen Tisch blockiert, unabhängig davon, ob vier oder vierzehn Personen den Raum benutzen.	Wer diese Forderung erfüllen will, stellt der Gruppe einen Raum mit etwa 8–10 qm pro Person zur Verfügung. Es genügt zunächst, nur solchen Gruppen eine Denkwerkstatt – statt eines Sitzungszimmers – einzurichten, die konzeptionelle Arbeit leisten.
Schwer bewegliche Stühle und ein häufig geringer Abstand zwischen Stuhllehnen und Wand lassen nicht an Bewegung oder Teilung einer Gruppe in Untergruppen denken – alles Voraussetzungen für Visualisierung.	Der Raum ist mit kleinen leichten Tischen ausgestattet. Diese schränken die Bewegungsfreiheit nicht ein. Viele Pinnwände, mit Papier bespannt, Flipcharts (besser: Easy-Flip von Leitz) und Drehrollensessel gehören zur Grundausstattung.
Für Gruppenarbeit ist das Sitzungszimmer ungeeignet. Der Gruppenarbeitsraum muss eine Werkstatt für Konzeptionen sein, sowohl eine Denk-Werkstatt als auch eine Hand-Werkstatt.	Besser als Pinnwände und Flipchart-Ständer, die häufig die Bewegungsfreiheit einengen: • Rollen mit braunem Packpapier (anstelle der Pinnwände) • Rollen mit weißem Papier (anstelle der Flipchart-Ständer) • Whiteboards • beschreibbare Wände Beides oben an den Wänden befestigt mit einer Abreißkante über dem Boden, verwandelt die Wände in beschreibbare Tapeten. Bei guter Moderation ist eine Interaktionsdichte von 300–600 Äußerungen pro Stunde in großen Gruppen zu erreichen: Durch Bilden von Kleingruppen und Kartenabfragen (Brainwriting).

Besprechung als Sitzung	Besprechung als Begegnung
	Trotzdem verliert die Gruppe »ihren roten Faden« nicht, weil die Gesprächsergebnisse – orientiert an den fünf Phasen – an den Pinnwänden aufgezeichnet werden. Sie sind der gemeinsame Speicher der Gruppe. Die Fülle der Gedanken wird überschaubar durch die fünf Phasen strukturiert. Zusammenhänge werden klar. An diesen Arbeitsstil müssen sich Menschen erst gewöhnen, für die Sprechen und Sitzen die bisherige Kommunikationstechnik war.

(nach T. Schnelle-Cölln)

6.3 Voraussetzungen für Visualisierung/ Raumgestaltung

Quelle: Erhard Dietl/ccc., www.c5.net

Hier kurz die wichtigsten Voraussetzungen:

- Jedes Mitglied hat direkten Zugang zum Flip-Chart. (Für Kundenbesuche: Easy Flip 7000 von Leitz.) Karten ca. 21 x 10 cm, dicke Filzschreiber, Klebestifte, Tesakrepp, Pinnwände, Stecknadeln, Uhr zur Zeitplanung, Broschüre »Besprechungen« für jeden Teilnehmer, Plakat mit fünf Phasen im Besprechungsraum (siehe Literaturverzeichnis).

- Das Dargestellte bleibt während der Besprechung optisch präsent. So die logische Folge nach den fünf Phasen jederzeit nachvollzogen werden. (Wenn auf Flipchart geschrieben wurde: Die Blätter nicht nach hinten wegklappen, sondern abreißen und geordnet nach den fünf Besprechungsphasen an die Wand hängen.)
- Das herkömmliche »Sitzungszimmer« wird umgestaltet, damit Bewegung und »Werkstatt-Atmosphäre« geschaffen wird. Die Gegenstände sind beweglich. An den Wänden können Flip-Charts befestigt werden.

Also **nicht** so (E. Schnelle):

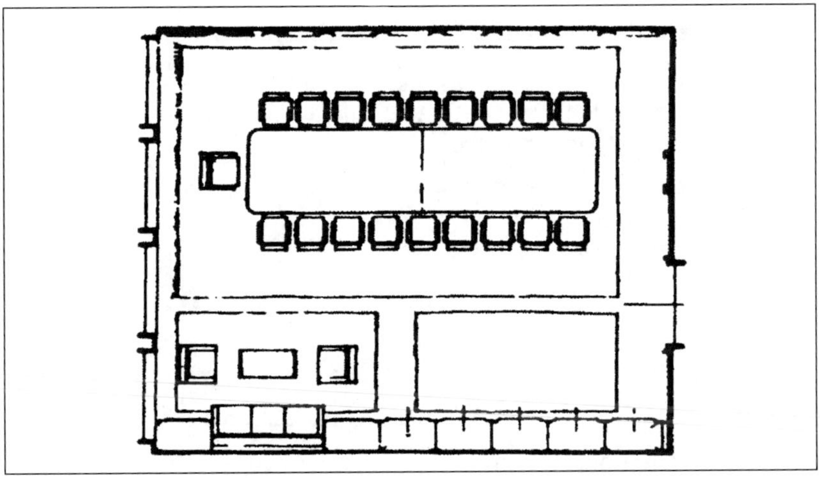

Kennzeichen des bisherigen »Sitzungssaals«:
Repräsentation statt Kommunikation, Einbauschränke – leer oder zweckentfremdet, das Bronzerelief eines würdigen Vorfahren an der Wand, Parkettfußboden, Kronleuchter – ungenügendes Licht, Tisch mit Klubsesseln, hierarchische Sitzordnung – monologfördernd. Gedanken können nur hörbar, nicht sichtbar gemacht werden. Belüftung häufig mangelhaft. Technische Hilfsmittel stehen nicht griffbereit. Es wird von wenigen viel gesprochen. Es wird vorgetragen.

»Nichts auf Erden ist so schwer zu halten wie der Mund.«

Quelle: Karl-Heinz Brecheis/ccc, www.c5.net

Kennzeichen eines Raumes für gesprächsintensive Gruppenarbeit (Workshop).

1. Ein Plenum spricht miteinander: Definiert (Teil-) Probleme und Besprechungs- sowie Projektziel.

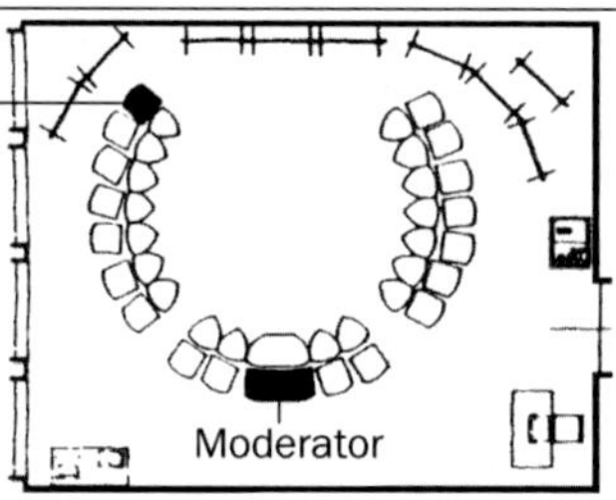

2. Kleingruppen bearbeiten Probleme/beantworten einzelne Fragen und visualisieren strukturiert nach fünf Phasen. Die Besprechung wird durch paralleles Arbeiten wertschöpfender, die Interaktion intensiver.

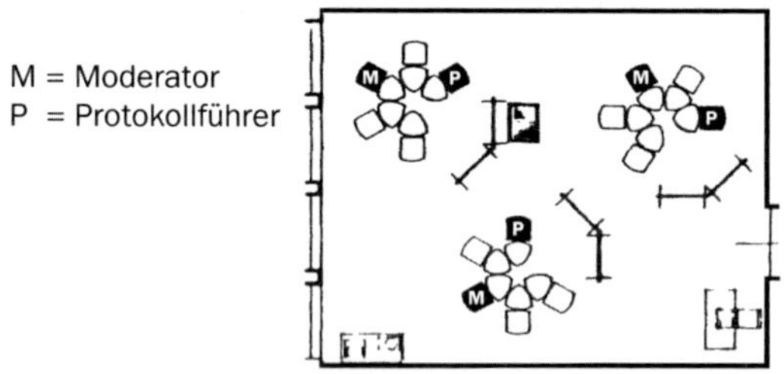

3. Im Plenum hängt jede Kleingruppe ihre nach den fünf Phasen strukturierten Real-Time-Protokolle auf. Alle Teilnehmer lesen die Ergebnisse aller Gruppen und notieren sich Fragen, Ergänzungen und Verbindungen zu anderen Gruppenergebnissen.

   Es wird zur Zeitersparnis nicht präsentiert!

   Nur Fragen werden von einem Mitglied der Kleingruppe beantwortet. Danach versammeln sich alle Teilnehmer im Halbkreis vor den Ergebnissen der ersten Gruppe. Der Protokollführer dieser Gruppe beantwortet zusätzliche Fragen und fügt Ergänzungen in sein Real-Time-Protokoll ein. Die Gesamtgruppe pilgert nach dieser »Stehung« zu den Flipcharts der zweiten Gruppe (Meeting by walking around). Dort wiederholt sich die Prozedur.

   Währenddessen wird das Protokoll geschrieben und für jeden Teilnehmer ausgedruckt. Nachdem die Ergebnisse aller Teilgruppen im Plenum besprochen worden sind, werden die inzwischen geschriebenen Protokolle ausgegeben. Falls erforderlich, wird korrigiert. Die korrigierten Protokolle werden von jedem Teilnehmer unterschrieben – als Zeichen der persönlichen Zustimmung und der Selbstverpflichtung zu den erforderlichen Aktionen.

   Fazit: Am Ende eines solchen Workshops nimmt jeder Teilnehmer alle unterschriebenen Protokolle mit. Nachbesserungen entfallen (»Das habe ich so aber nicht gesagt«).

In digitalen Räumen lassen sich solche Workshops mit gut geschulten Moderatoren, Protokollführern und Teilnehmern auch ermöglichen.

Dazu braucht es die entsprechende Technik (Hard- und Software) und ein hohes Maß an Verbindlichkeit, da die Ablenkungsmöglichkeiten bei Online-Veranstaltungen noch höher sind als in Präsenzveranstaltungen.

Die Frage ist schließlich:
Wie bekommen wir spannendes und heiteres Arbeiten in den Workshop – denn **Führen ist Spannung erzeugen und Energie zum Fließen bringen in Besprechungen als einem Ort von Führung.**

6.4 Regeln, Möglichkeiten und Ziele der Visualisierung

6.4.1 Die wichtigsten Regeln für wirkungsvolle Visualisierung

- Es wird ein nach den fünf Phasen gegliedertes Kurz- und Ergebnisprotokoll visualisiert.
- Der Protokollführer fasst aktiv zusammen und schreibt, während die Gruppe weiterspricht. (Dies erfordert, dass der Protokollführer fachlich fit ist.) Falls er unsicher ist, ob er das Wesentliche erfasst hat, fragt er den jeweiligen Teilnehmer.
- Kartenabfragen: Sobald die ersten Karten geschrieben sind, sammelt sie der Protokollführer schon ein und strukturiert sie an der Pinnwand.
- Das Real-Time-Protokoll ist auf sieben bis acht Meter Entfernung für die Teilnehmer lesbar.
- Nicht am Papier sparen: Auf jedem Flipchart Platz für Ergänzungen, z. B. durch deutliche Zwischenräume, lassen.
- Groß- und Kleinbuchstaben benutzen: Kann besser gelesen werden.
- Mit unterschiedlichen Farben von Karten und Stiften kann Unterschiedliches hervorgehoben werden. Mit dunklen Farben schreiben.
- Konfliktäre Positionen als These und Antithese darstellen.
  Fordert eine Synthese heraus.
- Bei einfachen Entscheidungen mit Klebepunkten bewerten lassen. Bei komplexeren Entscheidungen Nutzwert- und Risiko-Analyse einsetzen.
- Damit neue Fragen nicht untergehen: Auf Karten schreiben lassen und unter »Neue Fragen« anheften.

Ordnen Sie die Farben nach steigender Auffälligkeit:

Farben von Karten		**Farben von Filzstiften**
	sehr auffällig	
orange		rot
grün		grün
gelb		blau
weiß		schwarz
	wenig auffällig	

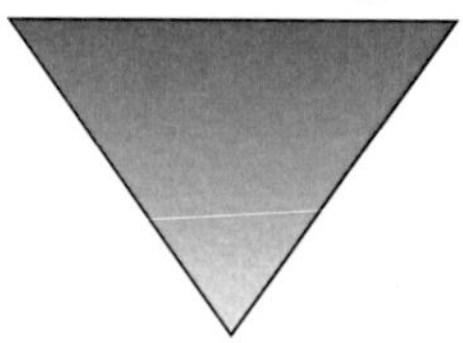

6.4.2 Möglichkeiten und Ziele der Visualisierung
(nach E. Schnelle-Cölln)

Struktur: Als Erstes strukturiert der Protokollführer aktiv mit Hilfe des Fünf-Phasen-Protokolls. Bei Kartenabfragen schafft er eigenständig eine Struktur. Dazu holt er anschließend die Zustimmung der Teilnehmer ein.

Skalen: 0 % ├──────────┤ 100 %

– –	–	0	+	+ +

Koordinaten: Im Koordinatenfeld werden die einzelnen Schätzungen als Punktwolke erkennbar. Außenseitermeinungen werden sichtbar und können verwertet werden.

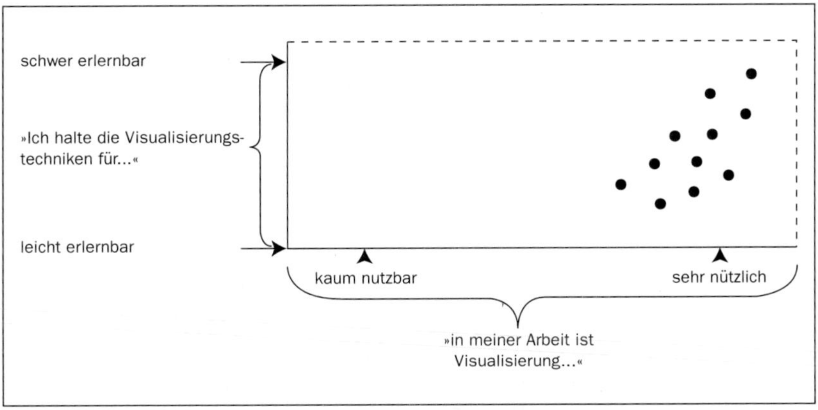

Listen: helfen, den Umfang einer Sammlung zu erkennen (z. B. beim Sammeln von Ursachen oder Lösungsvorschlägen).

Tabellen: stellen Beziehungen her; lassen erkennen, welche Verknüpfungen sinnvoll sind.

Spalten-, Zeilenüberschriften auf Karten notieren, um sie auswechseln und anders anordnen zu können.

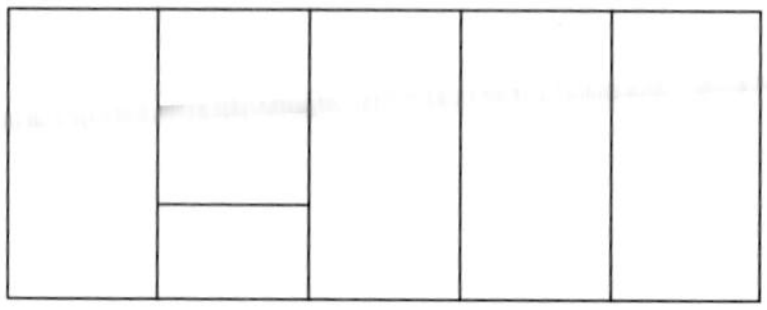

Säulen und Scheiben: erleichtern den Vergleich.

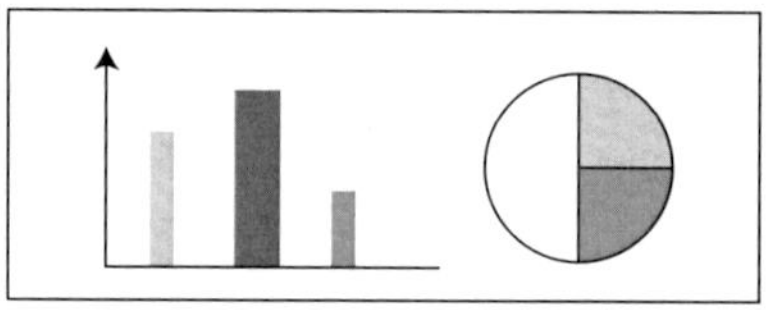

Bäume: werden benutzt, um Über- und Unterordnungen zu kennzeichnen.

»Zerlegungsweg«

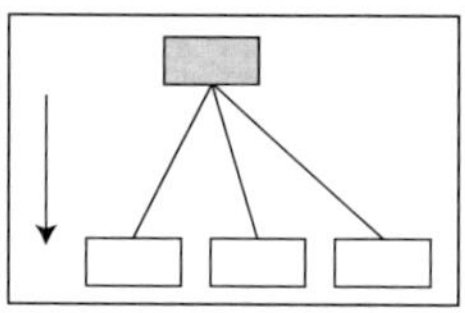

»Zusammenfassungsweg«

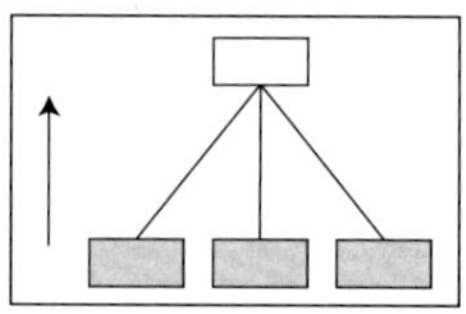

Netze: sie machen die Vielfalt der Zusammenhänge deutlich. Mit Netzen lässt sich Dynamik darstellen! Schwerpunkte werden betont. Fehlende Beziehungen werden sichtbar. Verbindungslinien können **gewichtet** (starker oder schwacher Strich) oder **gerichtet** (Pfeil) werden.

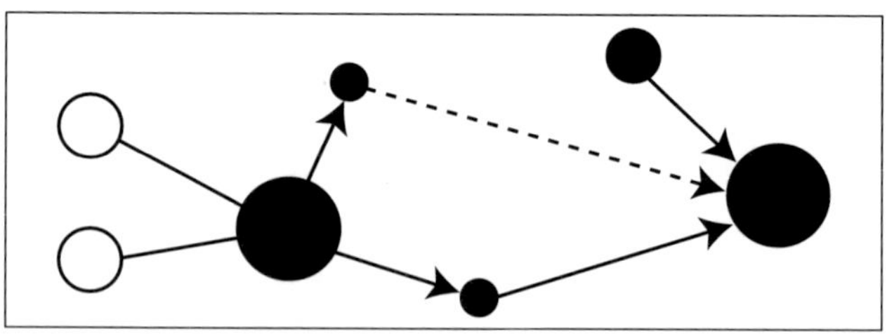

Arbeiten Sie mit Reihungen: Die Elemente werden
- in gleichen Abständen angeordnet,
- schlagen eine klar erkennbare Richtung ein.

Mindestens drei Elemente, Optimum fünf, nicht mehr als zehn bis zwölf.

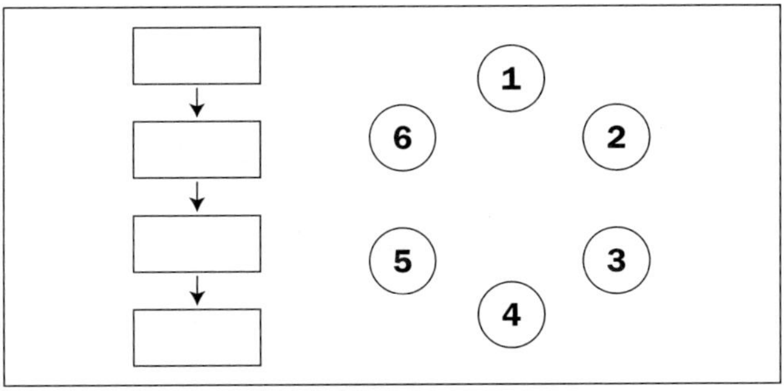

Was sind nun wesentliche Ziele der Visualisierung?
(nach E. Schnelle-Cölln)

	Möglichkeiten				
Ziele der Visualisierung	Skala	Liste	Tabelle	Baum	Netz
Zugriff erleichtern		X	X		
Umfang erkennen		X			X
Übersicht herstellen	X			X	X
Beziehungen kennzeichnen			X	X	X
Einprägsam machen				X	
Gedankenverbindungen auslösen					X

6.5 Vorteile der Visualisierung in strukturierten Fünf-Phasen-Problemlösungsbesprechungen

Vorteil	Begründung
Aktivität und Schnelligkeit sind höher.	Mehrere Beiträge können durch Karten zur gleichen Zeit erarbeitet und abgegeben werden.
Abfragen des Wissens und der Ansichten aller Teilnehmer erfolgen schneller.	Es wird nicht reihum gefragt, sondern jeder schreibt zur gleichen Zeit.
Die Äußerungen pro Stunde sind vervielfacht im Vergleich zu »Sitzungen«.	Schreiben und Zeichnen werden zusätzlich zum Sprechen genutzt. Dadurch verkürzt sich der Redeaufwand.
Missverständnisse und Wiederholungen sind verringert.	Die wichtigsten Aussagen sind sichtbar festgehalten – zurückblicken statt rückfragen.
Die bisherige Entwicklung ist übersichtlich dargestellt. Die Ergebnisse prägen sich besser ein.	Der Ablauf und die bisherigen Ergebnisse sind für alle sichtbar. Das »Protokoll« befindet sich – geordnet nach den fünf Phasen – an der Wand.
Teilnehmer, die später zur Gruppe stoßen, müssen nicht eingewiesen werden, finden sich rasch zurecht.	Siehe oben.
Der Moderator wird nicht so leicht überlastet.	Die Teilnehmer sind mitverantwortlich für Prozedur und Interaktion; sie warten nicht auf »Führung«.
Konzentration und Aufnahmebereitschaft steigen.	Da das Gedächtnis entlastet ist, ermüdet man langsamer.
Spontaneität und Motivaon sind kaum gebremst.	Es fehlt die klassische »Zentralfigur« des Distikussionsleiters. Der Moderator beschränkt sich darauf, dass die Fünf-Phasen-Struktur eingehalten wird. Er leitet das Ordnen und Klären der Ergebnisse, erinnert an das Ziel und fördert die Kooperation.

Effizientere Kommunikation führt zu mehr
Wissen, Mitverantwortung, Engagement!

7 Das Protokoll/ Der Protokollführer »neuer Art«

An der Wand des Besprechungsraumes wird vor Beginn der Besprechung durch den Protokollanten auf fünf Flip-Charts visualisiert:

Die fünf Phasen einer Besprechung

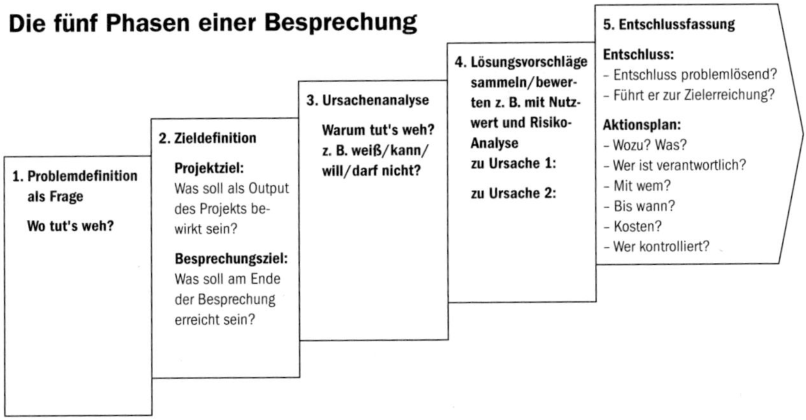

Konsequente Visualisierung führt dazu, dass am Ende der Besprechung das Protokoll, in fünf Phasen gegliedert, visualisiert an der Wand hängt.

Während der Besprechung werden die Schwerpunkte im Kurz- und Ergebnisprotokoll unmittelbar festgehalten. Jeder Teilnehmer kann sofort intervenieren, falls er missinterpretiert oder eine Aussage der Gruppe vergessen wird. So wird späteres Korrigieren von Protokollen ausgeschlossen. Die Ergebnisse werden unmittelbar von Flipchart-Bögen, Karten etc. abgeschrieben, unterschrieben, kopiert. Die Teilnehmer nehmen das Protokoll am Ende der Besprechung unterschrieben mit.

Unter diesem Aspekt sind die Aussagen zum Thema »Protokoll« zu verstehen; sie wurden zum Teil nach Chr. Brassel zusammengestellt.

7.1 Warum Protokoll?

Knapp ausgedrückt: Weil unser Gedächtnis kurz ist und weil auch andere Menschen an den Besprechungsergebnissen interessiert sind. Die Dokumentation sichert das Erarbeitete für die Organisation als Ganzes. Außerdem: »Schreiben ist präziseres Denken«.

Etwas ausführlicher: **Das Protokoll ist**

- Beweismittel für später. Es gibt Auskunft darüber, was wann beschlossen wurde, wer welchen Auftrag erhalten hat, wer womit einverstanden war. Mitunter ist Protokollführung gesetzlich vorgeschrieben, z. B. in Banken.
- eine Chronik, die uns selbst aber auch anderen zum Bewusstmachen der ursprünglichen Überlegungen dient (»... aha, deshalb hat man damals dies und jenes beschlossen...«).
- ein Lerninstrument: Falls ein Entschluss sich nicht bewährt hat, kann nachvollzogen werden, was die Ursache gewesen ist.
- ein Informationsmittel für Abwesende und für andere am Besprechungsergebnis Interessierte. Trägt dazu bei, die Teilnehmerzahl bei Meetings zu reduzieren.
- ein Spiegel: Das (visualisierte) Protokoll ermöglicht den einzelnen Teilnehmern, Auffassungsdifferenzen und unklare eigene Ausdrucksweisen zu erkennen und zu korrigieren (»... so, wie das protokolliert ist, habe ich es nicht gemeint...«).

Zusätzlich dient das visualisierte Real-Time-Protokoll dem Moderator zur Selbstkontrolle. Er merkt es, falls Aufträge ohne Termin oder Verantwortliche erteilt werden (so genannte »Man-sollte-gelegentlich«-Aufträge). Er merkt es, wenn Diskussionen ohne Fazit – ohne Entschlussfassung geblieben sind (was sie praktisch nutzlos macht). So kann der Moderator nachfassen. Ein guter Protokollführer weist allerdings schon beim visualisierten Protokollieren darauf hin.

»Das von allen Teilnehmern unterschriebene Protokoll sichert den Konsens!«
Quelle: Erick Liebermann/ccc, www.c5.net

7.2 Anforderungen an den Protokollführer (mit Checkliste)

Motto: *»Der neue Protokollführer ist mehr Motor als Fahrtenschreiber.«*

Er komprimiert die Aussagen eines jeden Teilnehmers und schreibt sie, während die Gruppe diskutiert, »real time« auf Flip-Chart.

Ist die Gruppe sehr produktiv und schnell?
Dann bittet er einzelne Teilnehmer, ihre Aussagen selbst auf Karten zu komprimieren. Diese klebt er dann auf Flip-Chart zu der entsprechenden Phase.

Der Protokollführer »neuer Art«

- ist Sekundant des Moderators.
- stimmt sich bei der Vorbereitung der Beratung mit dem Moderator ab.
- lässt den Besprechungsraum vorbereiten. (Raumordnung, zwei Flip-Chartständer, zwei Pinnwände oder »Easy Flip Karten«...) bzw. online Tagungstechnik und -tools.
- bereitet die fünf Phasen auf Flip-Chart vor.
- schreibt mit Buchstabengröße von mindestens 5 cm und leserlich.
- schreibt aktiv das Kurz- und Ergebnisprotokoll als »Real-Time-Protokoll«.
- fragt nach Einverständnis und nach Ergänzungen.
- sammelt bei Kartenabfragen sofort die Karten ein und strukturiert sie.
- hält Blickverbindung zum Moderator.
- greift regelnd ein, wenn der Fünf-Phasen-Prozess »stockt«.
- sorgt dafür, dass das Protokoll am Ende der Beratung unterschrieben wird.
- ist verantwortlich, dass jeder Teilnehmer das unterschriebene Protokoll mitnimmt.

Das Ergebnis:
»Unsere Meetings sind dramatisch weniger, kürzer und weniger anstrengend geworden.« (Aesculap AG, Seminar-Teilnehmer)

Checkliste zum Beobachten des Protokollführers

	ja	nein
1. Unparteilichkeit • Trennt er klar seine Aufgabe als Protokollführer (präzise Zusammenfassung der Ergebnisse) von der des Fach-Teilnehmers (inhaltliche Stellungnahme)? • Werden Aussagen der Teilnehmer nicht protokolliert? • Werden Aussagen der Besprechungsteilnehmer verfälscht? • Werden Aussagen der Besprechungsteilnehmer bewertet? • Holt er sich die Zustimmung der Gruppe/des Einzelnen für das, was er protokolliert? Stellt er Rückfragen?		
2. Sachkompetenz • Erkennt der Protokollführer Wesentliches? • Fasst er Wesentliches aktiv zusammen? • Hebt er Schwerpunkte hervor?		
3. Sprache • Formuliert der Protokollführer kurz, prägnant, einfach? • Ist das Protokoll auch für den verständlich, der nicht an der Besprechung teilgenommen hat?		
4. Unterstützung des Moderators • Hat er den Raum vorbereitet/vorbereiten lassen? • Hilft er mit, die richtige Sitzordnung zu schaffen? • Hat er vor Beginn der Besprechung Flipcharts mit den fünf Phasen aufgehängt und beschriftet? • Gliedert er das Protokoll übersichtlich nach den fünf Phasen? • Weist er daraufhin, wenn der »rote Faden« verloren geht, die fünf Phasen nicht eingehalten werden? • Hilft er mit, dass vereinbarte Zwischenzeiten sowie der geplante zeitliche Abschluss der Besprechung eingehalten werden? • Ergänzt er den Moderator, wo es erforderlich ist? – Wird wirklich ein Entschluss gefasst? – Werden Verantwortliche, Termine und andere Leistungsstandards (Kosten, Qualität, Quantität, Güte der Zusammenarbeit) fixiert? – Wird am Ende der Besprechung das Besprechungsergebnis der visualisierten Fragestellung vom Beginn der Besprechung sowie der Zieldefinition gegenübergestellt?		

ja	nein

- Fördert er die Prozedur der Besprechung, indem er
  - Kartenabfragen vorschlägt?
  - Arbeiten in Kleingruppen vorschlägt?
- Schlägt er Pausen vor, wenn die Teilnehmer ermüden?
- Erinnert er an die Zeit? (Uhr – eingestellt auf vereinbarte Zeiten für die fünf Phasen)

5. Protokolliertechniken

- Führt er das Protokoll synchron zu der Besprechung? (Protokolliert er kontinuierlich die Ergebnisse?)
- Schreibt er so groß, dass alle Teilnehmer es lesen können?
- Arbeitet er mit unterschiedlichen Farben?
- Trägt er dazu bei, vor Kartenabfragen eine eindeutige Fragestellung als Überschrift herauszuarbeiten?
- Schafft er bei Kartenabfragen eigenständig eine klare Struktur?
- Hängt er beschriebene Flipchart-Bögen in der richtigen Reihenfolge für jeden sichtbar auf?
- Kann das Protokoll ohne zusätzliche Änderungen sofort fotografiert oder abgeschrieben werden? Ist es unterschriftsreif? Holt er die Unterschriften am Ende der Besprechung ein?
- Wird das unterschriebene Protokoll am Ende der Besprechung den Teilnehmern mitgegeben bzw. digital zur Verfügung gestellt?
- Wird das Protokoll nach den fünf Phasen »realtime« in den Laptop eingegeben?

7.3 Protokollarten

Vorab: Ein gutes Protokoll/Dokumentation hilft, die Zahl der Teilnehmer an Besprechungen zu reduzieren, da sich Interessierte so informieren können.

Protokollarten:

- Kurz- und Ergebnisprotokoll
- wörtliches Protokoll (Vollprotokoll)
- Notizen
- Fotoprotokoll

In »Kopf« und Schluss sind alle drei Arten gleich. Im Text dagegen unterscheiden sie sich:

Das **visualisierte Kurz- und Ergebnisprotokoll** beschränkt sich auf die knappe Zusammenfassung jener Diskussionspunkte und Gedanken zu den fünf Phasen, die wesentlich waren. Es umfasst nicht mehr, als für den späteren Nutzer wichtig ist. Wenn die Namen der einzelnen Teilnehmer nicht für das Verständnis oder in Ausnahmefällen für die spätere Beweisführung nötig sind, wird ohne Namensnennung protokolliert. Dies hat den Vorteil, dass Stellungnahmen unterbleiben, die nur gemacht werden, damit der Sprecher namentlich – als »Arbeitsnachweis » – im Protokolltext aufgeführt wird. Das Kurzprotokoll stellt die höchsten Ansprüche an den Protokollführer.

Das **wörtliche oder Vollprotokoll** enthält den ganzen Verlauf im Wortlaut. Es ist daher lang und unübersichtlich, aber auch beweiskräftig. Es wird nur dort angewandt, wo es später wichtig ist, wer bei der Beratung was gesagt hat. Sollte selten verwendet werden.

Notizen schließlich sind formlos abgefasste Berichte über einen Besprechungsverlauf (Festhalten von Reaktionen, Argumenten, Aussagen). Aktennotizen dienen als Gedächtnisstütze. Sie können angebracht sein bei Gesprächen mit Kunden, Lieferanten oder Konkurrenten, bei denen kein offizielles Protokoll vorgesehen ist.

Fotoprotokoll: Fotos der Visualisierungen.

7.4 Aufbau des Protokolls (mit praktischen Beispielen)

Deckblatt

- Klassifizierung:
  - vertraulich (d. h., darf durch Assistentin geöffnet werden)
  - persönlich (d. h., darf nur durch den Adressaten selbst geöffnet werden, außer mit dessen ausdrücklicher Einwilligung in jedem einzelnen Fall)
- Titel: Kurz- und Ergebnisprotokoll, wörtliches Vollprotokoll.
- Nummer: bei wiederholten Besprechungen der gleichen Gruppe
- Anlass: Erarbeiten der Jahresziele durch die Geschäftsleitung, Fortschrittsbesprechung der Projektgruppe XY, Entscheidungsmeeting, Ideenkonferenz, Problemlösungskonferenz.
- Problemdefinition, Formulierung des Besprechungs- und des Projektziels
- Datum: Tag, Monat, Jahr (evtl. Zeitangabe, oft unwesentlich)
- Ort: (in Einzelfällen wichtig – z. B. in Hauptversammlungsprotokollen)
- Anwesende: Am unproblematischsten alphabetisch oder alphabetisch mit Moderator, sowie Protokollführer vorweg
- abwesende Eingeladene mit Funktionen und evtl. Abwesenheitsgrund
- Protokollempfänger
- Das Protokoll ist ein ausgezeichnetes Informationsmittel. Wer muss es erhalten?
- Problemübersicht: Es erleichtert späteres Suchen, wenn die besprochenen Probleme vorab aufgeführt sind.
- offene Fragen
- falls erforderlich: Einladung für ein Folge-Meeting (Termin, Zeit, Ort, Problemdefinition, Moderator, Protokollführer)

Text- und Schlussteil

Er spiegelt die Ergebnisse je nach Protokollart wider.

Hervorzuheben sind:

- Das Kurz- und Ergebnisprotokoll ist nach den fünf Phasen strukturiert.
- Datum der Protokollniederschrift.
- Wenn während der Besprechung visualisiert wurde, sind – allenfalls nach geringer Überarbeitung – die Ergebnisse unmittelbar von den Flipchart-Bögen abgeschrieben bzw. als Fotos eingefügt worden.
- Unterschrift des Protokollführers
- Unterschrift des Moderators und bei wichtigen Protokollen die aller Teilnehmer
- Erwähnung von Anlagen
- Empfehlenswert: fortzuschreibender digitaler Aktionsplan.

Drei Beispiele:

Kurz-Protokoll zur Problemlösungsbesprechung der Projektgruppe »Neuer Standort«

Moderator: ______________________________

Protokollführer: ______________________________

Teilnehmer: ______________________________

Protokollempfänger: ______________________________

Ort: ______________________________

Datum/Uhrzeit: ______________________________

1. Problemdefinition

Welche Nachteile sehe ich für den Kunden durch den Neubau in ...?

2. Zieldefinition

Projektziel:	Durch den Umzug nach ... wird der Umsatz um 5 % gesteigert
Besprechungsziel:	Maßnahmen, um die Nachteile des neuen Standortes auszugleichen

3. Ursachenanalyse

3.1 erster Eindruck am Bahnhof – unattraktiv
3.2 S-Bahn-Takt ist unbefriedigend
3.3 Entfernung S-Bahn – Unternehmen zu weit
3.4 Übernachtungsmöglichkeiten abschreckend
3.5 Gastronomie entspricht nicht den Erwartungen
3.6 Trabantenstadt ohne Flair
3.7 schlechte Erreichbarkeit mit dem Auto
3.8 City mit Einkaufsmöglichkeiten in weiter Entfernung

4. Lösungsvorschläge

4.1 Fahrdienst (zu 3.1, 3.2, 3.3, 3.7, 3.8)
4.2 Einfluss auf die Gemeinde geltend machen und deren Unterstützung zusammen mit anderen Anliegern wegen
- Bahnhof (zu 3.1)
- Gastronomie/Hotel (zu 3.4, 3.5)
- Grünanlagen (zu 3.6)

4.3 zusätzliche Attraktionen schaffen (zu 3.6)
4.4. Gästehaus (zu 3.4)

5. Entschlussfassung und Aktionsplan

Aktion	wer? (verantwortlich) auch für Kontrolle	mit wem?	bis wann?	Kosten
Konzept Fahrdienst erstellen	Hr.	noch offen	30.6.	?
Kontaktbüro für andere Anlieger	Fr.	noch offen (evtl. Hr. .....)	15.3.	?
Vorschlag für den Vorstand zur Infrastrukturverbesserung durch die Gemeinde bzg. Bahnhof, Gastronomie/Hotel, Grünanlagen	Fr.	Hr.	18.2.	?
Projektgruppe »Zusätzliche Attraktion(en) schaffen«	Hr.		31.3.	?
Entscheidungsvorlage »Gästehaus«	Hr.		31.3.	?

Die Kosten werden in Zusammenarbeit mit Controlling erarbeitet bis 15.3.

Unterschriften: ______________________________
(Moderator, Protokollführer, Teilnehmer)

Protokoll zur Problemlösung der Projektgruppe »Zusammenarbeit Filiale – Zentrale«

Moderator: ______________________________

Protokollführer: ______________________________

Teilnehmer: ______________________________

Ort: ______________________________

Datum/Uhrzeit: ______________________________

1. Problemdefinition

- Wie können wir die Zusammenarbeit zwischen Filiale und Zentrale verbessern?
- Wie können wir eine gemeinsame Sprache entwickeln und verankern?
- Wie können wir die Erreichbarkeit erhöhen?

2. Zieldefinition

a) Projektziel: Die Zusammenarbeit zwischen Filiale und Zentrale ist verbessert.
b) Besprechungsziel:
   – Maßnahmen zur Verbesserung der Zusammenarbeit
   – Maßnahmen zur Entwicklung und Verankerung einer gemeinsamen Sprache
   – Maßnahmen zur Steigerung der Erreichbarkeit

3. Ursachenanalyse

- Zentrale halb englisch/halb deutsch
- Vorbehalte der Mitarbeiter: Man versteht sich nicht
- Zentrale schreibt viel »Fachchinesisch«
- Nicht eindeutige Sprache
- Menge der Informationen ist Problem
- Zentrale-Mitarbeiter haben oft keine Kenntnis der Filiale
- Geschwindigkeit der Umstrukturierung und verzögerter Informationsfluss

4. Sammeln und Bewerten der Lösungsvorschläge

- Elektronische Bereitstellung der Informationen in strukturierter Form
- Möglichst auf Fachausdrücke verzichten bzw. Übersetzung in Klammern dazu schreiben
- Zentraler Mitarbeiter besucht regelmäßig die Filialen, die er betreut
- Filiale in EDV-Entwicklung mit einbeziehen

5. Entschlussfassung und Aktionsplan

- Besuch bei Firma XY zur Untersuchung des elektr. Mediums zur Bereitstellung v. Informationen ➛ Hr. ....., Hr. ..... bis 28.11.
- Zentrale Rundschreibenstelle ansprechen ➛ Hr. ..... bis 14.11.
- Personalabteilung ansprechen wegen Filialbesuchen ➛ Fr. ..... bis 14.11.
- Betriebsrat ansprechen ➛ Hr. ..... bis 14.11.

Nächste Besprechung: 8.12. zur Frage
»Wie können wir die Erreichbarkeit erhöhen?«

Unterschriften: ______________________________
(Moderator, Protokollführer, Teilnehmer)

Protokoll zur Problemlösungsbesprechung	Datum:	03.12.2010 – 17:00 – 18:00 Uhr
»Gesundheit im Unternehmen«	Teilnehmer:	MRi (M), IB, MW (P), MRo, SH

1. Problemdefinition als Frage
   Wie integrieren wir den Gesundheitsgedanken in den betrieblichen Alltag?

2. Zieldefinition
   Mitarbeiter sind gesünder und zufriedener

   Leistungsstandards:
   - Krankenstand 3 % im Durchschnitt für 2011 – 2014
   - Mitarbeiterzufriedenheit steigt vom Basiswert 12/2010 +10 % bis 12/2011, bleibt danach mindestens konstant bis 12/2014
   - Kostenneutralität

3. Ursachenanalyse
   3.1. Betriebsbezogen
   a) veränderbar: Motivation, Betriebsklima, autoritäre Chefs (Führung)
   b) optimierbar: Hektik, Arbeitsplatz (Schreibtischarbeit, Bildschirmarbeit, Außendienst)

   3.2. Personenbezogen
   a) veränderbar: Ernährung, Bewegung
   b) optimierbar: Magenbeschwerden, Augenbeschwerden, Rückenschmerzen, Hektik

   > Zwischenentscheidung: Initialer Fokus auf Ernährung und Bewegung

4. Lösungsvorschläge
   4.1. Ernährung
   a) praktisch: Obstkörbe, Umstellung Menüplan, Wasserspender, Tee / Intranet, Poster
   b) supportiv: Kochkurse, Ernährungsberatung, BMI-Kalkulator, Info durch Betriebsarzt

   4.2. Bewegung
   a) praktisch: Anti-Fahrstuhl-Kampagne, Flexible Pausen, Duschmöglichkeiten im Betrieb, flexible Arbeitszeitmodelle, aktive Betriebsausflüge
   b) supportiv: Organisation von Sportgruppen (z.B. »Lauftreff«, Yoga-Kurse, etc.), interner Bewegungsmotivator, ggf. externe Trainer

   4.3. Übergeordnete Maßnahmen
   Positiv motivierendes Punkteprogramm auf Abteilungsebene mit Belohnungssystem (z.B. gesundheitsfördernde Gutscheine, Aktiv-Trips)

5. Entschlussfassung & Aktionsplan
   5.1. Entschlussfassung
   Priorisierung der Maßnahmen 4.1. und 4.2.
   Erhebung der Kosten – Plan: Aufwendung von 1-2 % der Gesamtpersonalkosten für die Programme

   5.2. Aktionsplan
   Gruppenbildung:
   Bewegung: IB, MRi
   Ernährung: MRo, SH
   Punkteprogramm: MW
   2. Besprechung mit Ergebnispräsentation zur Erarbeitung eines entscheidungsfähigen Konzepts – 17.12. – 17:00 Uhr

Protokoll 03.12. – 18:15 Uhr

Quelle: Teilnehmer des »Management-Intensiv-Seminars« Dr. R. W. Stroebe

7.5 Durchführung von Aufträgen und Beschlüssen: Die Auftragsliste

Der Protokollführer stellt sicher, dass Abwesende durch Übermittlung des Protokolls von Aufträgen erfahren. Oft bleiben dennoch in Phase 5, den Aktionsplan, vereinbarte Aufträge unrealisiert. Hier hilft eine Auftragsliste.

Aufbau einer Auftragsliste

Damit Aufträge aus alten Protokollen mit längeren Fristen nicht vergessen werden, wird eine Auftragsliste erstellt. Sie wird zu und nach jeder Besprechung durch den Protokollführer dem neuesten Stand angepasst und dem Protokoll beigefügt. Der Moderator der letzten Besprechung klärt zu Beginn des neuen Meetings, inwieweit die Aufträge erfüllt wurden. Dann übergibt er an den neuen Moderator.

Eine Auftragsliste enthält:

- einen Quellenhinweis: z. B. Datum der Besprechung mit Problemdefinition.
- den Auftrag (Stichwort, Quantität, Qualität, Kosten, Termin). So kann der Beauftragte erinnert werden und kann handeln, ohne im Protokoll nachzuschlagen. Die Auftragsliste wird am besten nach Fälligkeitsterminen geordnet. Dies erleichtert die Terminüberwachung.
- den Beauftragten.

Beispiel für eine Auftragsliste (nach Chr. Brassel):

Aufträge aus Besprechungen der Finanzbuchhaltung				
Auftrag Nr.	Aus Protokoll Nr.	Betrifft (Stichwort)	Termin	Beauftragter
448	122	Statistik Mahnwesen	20.3.	B. Wecker
321	98	Liegenschaft Pensionskasse	31.3.	M. Schild
472	124	neue Maschine	31.3.	P. Vetsch
460	123	revidiertes Quartalsbudget	15.4.	W. Schmidt
425	120	Datensicherung Buchhaltg.	30.4.	F. Kaspar
461	123	Zahlungskontrolle	15.5.	R. Amacher
...				
...				
473	124	Reorganisation Spesenabrechnung	22.6.	B. Wecker

Überwachung der Aufträge

Der Moderator stimmt mit den Teilnehmern ab, wer für die Überwachung der Termine nach der Auftragsliste zuständig sein soll und wie das vor sich zu gehen hat.

Möglichkeiten:

- Information nur, wenn bei der Auftragserledigung Schwierigkeiten auftreten (»Management by exception«).
- Information der Auftragserledigung an den Moderator oder den Protokollführer oder ...
- Kontrollfrage über die Auftragserledigung durch den Protokollführer oder die Assistentin kurz vor dem Termin oder spätestens bei der nächsten Besprechung.

8 Nachbereitung

Bevor Sie sich zu einer Besprechung entschlossen haben, haben Sie über Problem und Ziel, die Notwendigkeit der Besprechung, Ihre Kompetenz, den Teilnehmerkreis und den Termin nachgedacht.

Nach der Besprechung ist es Pflicht jedes Moderators, sich Rechenschaft abzulegen:

- Wurden alle Vorinformationen bis zu Besprechungsbeginn von allen Teilnehmern verarbeitet? Wurde das daraus resultierende Wissen im Meeting für gemeinsame Erkenntnisse genutzt? Wenn nicht, wie ist dies für das nächste Mal sicherzustellen?
- Ist das Problem gelöst, das Ziel erreicht?
- War die Besprechung dazu wirklich nötig? Oder hätte ich die Entscheidung ohne Verlust an Qualität und Motivation allein treffen können?
- Waren Vorbereitung, Termin, Teilnehmerkreis, Organisation, Raum, Hilfsmitteleinsatz optimal?
- Entsprachen Moderation und Ablauf den Anforderungen?
- War die Zusammenarbeit mit dem Protokollführer »neuer Art« auch für diesen motivierend?
- Ist das »Real-time«-Protokoll bei allen angekommen, die über die Ergebnisse informiert sein müssen,
- Wurden alle Problemdefinitionen mit konkreten Ergebnissen (Beschlüssen, terminierten Aufträgen) abgeschlossen?
- War die Besprechung das Geld wert, das sie gekostet hat? Hätte ich/der Kunde für das Besprechungsergebnis gezahlt?
- Was ist in der nächsten Besprechung zu verbessern?
- Wird der Aktionsplan kontinuierlich abgearbeitet?

Geben Sie die folgende »zusammenfassende Prüfliste« Ihren Mitarbeitern und Kollegen. Und verwenden Sie die Broschüre und Plakat »Verhalten und Technik in Besprechungen« (siehe Literaturverzeichnis). Diskutieren Sie darüber – vor oder nach der nächsten Besprechung. Setzen Sie die Methoden um.

8.1 Zusammenfassende Prüfliste zum Verhalten und zur Technik in Besprechungen

Bitte markieren Sie einen oder zwei Punkte, die für Sie besonders wichtig sind. Verfolgen Sie diesen Punkt/diese Punkte in den nächsten vier Wochen. Prüfen Sie dann, was Sie erreicht haben. Markieren Sie einen neuen Punkt. Verfolgen Sie diesen ebenfalls ganz konsequent. Fahren Sie so fort, bis Ihnen Ihr Verhalten und Ihre Technik gut genug erscheinen.

	Bemerkungen/ Folgerungen
• Ist die Besprechung wirklich erforderlich? Kann ich die Entscheidung allein treffen – ohne Qualitäts- und Motivationsverlust? Kann sie zum Beispiel durch Zweier-Gespräche ersetzt werden? Welche Fragen sind vorher in Einzelgesprächen zu beantworten?	
• Ist im Voraus für gleichen Informationsstand aller Teilnehmer gesorgt worden?	
• Werden regelmäßige Besprechungen spätestens alle sechs Monate mit der Frage überprüft: »Wozu benötigen wir diese Besprechungen eigentlich?«	
• Treffen wir uns (nur) für Problemlösungsbesprechungen? Nicht für Informationsveranstaltungen – außer die Information hat motivierende Bedeutung. Zur reinen Informationsvermittlung gibt es heute IT!	
• Ist die Problemdefinition als Frage formuliert? Ist Übereinstimmung zur Problemdefinition erzielt worden? Ist das Problem (als Vorschlag) mindestens 24 Stunden vor Besprechungsbeginn bekannt gegeben worden? Ist das Problem in Teilprobleme aufgegliedert?	
• Ist das Besprechungsziel so formuliert worden, dass am Ende der Besprechung geprüft werden kann, ob es erreicht ist? Sind Teilziele formuliert worden?	

	Bemerkungen/ Folgerungen
• Ist das Projektziel klar, in dessen Rahmen das Besprechungsziel steht?	
• Ist die Problemdefinition als Frage sowie Besprechungs- und Projektziel visualisiert worden? Sind sie für jeden Teilnehmer während der gesamten Besprechung sichtbar?	
• Ist geklärt, wer in dieser Besprechung am besten als Moderator geeignet ist? (Ungeeignet ist im Allgemeinen derjenige, der am meisten vom Problem versteht oder stark davon betroffen ist.)	
• Ist der Teilnehmerkreis auf maximal neun Personen beschränkt? (Sonst Workshop)	
• Wer ist verantwortlich, dass der richtige Raum, in der richtigen Ausstattung mit den erforderlichen technischen Hilfsmitteln zur Verfügung steht?	
• Ist jedem Besprechungsteilnehmer klar, dass nicht nur der Moderator, sondern jedes Gruppenmitglied für Prozedur, Inhalt und Interaktion in einer Besprechung zuständig und mitverantwortlich ist? Ist klar, dass Vorgänge in der Gruppe nicht nur das Problem eines einzelnen – des Moderators oder eines »Querulanten« –, sondern eine Herausforderung für die Gesamtgruppe sind?	
• Hat die Besprechung die Form einer Aussprache, eines Multi-Logs (nicht die einer Ansprache oder eines Dialogs)?	
• Diskutiert die Gruppe über ihre Arbeitsfähigkeit (Prozedur und Interaktion), wenn sie inhaltlich nicht weiterkommt?	

	Bemerkungen/ Folgerungen
• Ist am Beginn der Besprechung an die fünf Phasen erinnert worden? (1. Problemdefinition, 2. Zieldefinition, 3. Ursachenanalyse, 4. Sammeln und Bewerten der Lösungsvorschläge, 5. Entschlussfassung und Aktionsplan) Hängen die fünf Phasen sichtbar an der Wand? (Plakat zur Vorbereitung und Durchführung von Besprechungen s. Literaturverzeichnis, Stroebe) • Ist ein Zeitlimit für das Ende der Besprechung vereinbart? Wird das Zeitlimit eingehalten? • Wer ist Protokollführer? Kennt er die Checkliste? Weiß er, dass er nicht nur »Schreiber« ist, sondern dass er den Moderator in der Besprechung ergänzt (z. B. durch Strukturieren der Karten während Kartenabfragen, durch Nachfragen, durch Hinweise zur Prozedur?) Weiß er, dass das Protokoll synchron (real-time) visualisiert wird? Sind die visualisierten Inhalte für alle Teilnehmer sichtbar? Fordert er die Teilnehmer auf, selbst zu visualisieren? Schlägt er z. B. Kartenabfragen vor? Achtet er darauf, dass diese wirklich verwertet werden? • Wird das Protokoll am Ende der Besprechung unterschrieben ausgehändigt? • Haben Sie bei größeren Gruppen Wortmeldungen vereinbart? Rufen Sie nicht nur nach der zeitlichen Folge der Wortmeldungen auf, sondern auch nach der Zugehörigkeit zu Problemkreisen?	

	Bemerkungen/ Folgerungen
• Unterstützen Sie die »Stillen im Lande«?	
• Wenn die Gefahr besteht, dass eine Minderheit majorisiert wird: Lassen Sie einen »advocatus diaboli« wählen, der die Minorität unterstützt? Wechseln Sie ihn von Besprechung zu Besprechung?	
• Helfen Sie, verdeckte Konflikte manifest zu machen, um sie so besser lösen zu können?	
• Hüten Sie sich davor, Partei zu ergreifen? Lassen Sie der Gruppe genug Spielraum zu selbstständiger Bewertung und Meinungsbildung?	
• Halten Sie sich genug zurück? Hören Sie zu? Beanspruchen Sie als Moderator nicht mehr als etwa 20 % der Wortmeldungen? Wie hoch ist Ihr »Quasselindex«? (Länge der eigenen Redezeit dividiert durch die Zahl der eigenen Beiträge) Wie häufig haben Sie unterbrochen?	
• Achten Sie darauf, wie viele Ihrer Wortmeldungen sich an die gesamte Gruppe und wie viele sich an einzelne Teilnehmer richten? (Ein ausgeglichenes Verhältnis zeigt, dass Sie sowohl die Gruppe als auch den einzelnen Teilnehmer würdigen.)	
• Zeigt ein Teilnehmer »Streben nach der Führerrolle«? Integrieren Sie ihn, indem Sie ihn an Führungsfunktionen teilnehmen lassen (ein Führungsdual bilden)? Zum Beispiel ihn bitten, als Protokollführer neuer Art zu »sekundieren«.	

	Bemerkungen/ Folgerungen
• Lassen Sie die Besprechung beobachten? (Beobachtungsbögen) Motto: Immer wieder etwas anderes beobachten lassen. So wird es spannender. • Erheben Sie ab und zu nach einer Besprechung die Zufriedenheit der Teilnehmer? Diskutieren Sie mit den Teilnehmern das Ergebnis und ziehen Sie Folgerungen!	

8.2 Elf Testaufgaben zu Verhalten und Techniken in Besprechungen

Hinweise zum Bearbeiten des Tests:

- Wenn Sie bei einer Aufgabe die Lösung nicht kennen, lassen Sie das Antwortfeld einfach frei. Bitte nicht raten!
- Bitte beachten Sie, dass Mehrfachnennungen möglich sind.
- Achten Sie bitte darauf, dass bei einer Aufgabe alle vorgegebenen Antwortmöglichkeiten falsch sind.
- Die Antworten zum Test finden Sie auf den Seiten 139 f.

Kreuzen Sie bitte bei den Aufgaben, bei denen verschiedene Antwortmöglichkeiten vorgegeben sind, den (die) zugehörigen Buchstaben an.

Aufgabe 1

Welches ist der erste und welches sind die darauffolgenden Schritte in einer Problemlösungsbesprechung.

Bezeichnen Sie bitte die Reihenfolge der Schritte von 1 bis 5:

	Reihenfolge
Ursachenanalyse	☐
Zieldefinition	☐
Sammeln und Bewerten von Lösungsvorschlägen	☐
Problemdefinition	☐
Entschlussfassung, Aktionsplan	☐

Aufgabe 2

Wir unterscheiden drei Hauptelemente in einer Problemlösungsbesprechung:

- Interaktion
- Prozedur
- Inhalt

Kreuzen Sie bitte die jeweils richtige Definition an!

Interaktion

- ○ Zwischenaktion in Konferenzen, die vom Thema wegführt
- ○ Überleitung zwischen zwei neuen Beiträgen
- ○ Zwischenmenschliche Wechselwirkung

Prozedur

- ○ Richtlinienkompetenz des Moderators
- ○ Verfahrensweise der Besprechung
- ○ Organisation von Entscheidungsprozessen

Inhalt

- ○ Kommunikationselemente in der Besprechung
- ○ Zielorientierte Beiträge

Aufgabe 3

Bitte nennen Sie häufige negative Interaktionen!

- ______________________________
- ______________________________
- ______________________________
- ______________________________
- ______________________________
- ______________________________
- ______________________________
- ______________________________
- ______________________________

Aufgabe 4

Interaktion, Prozedur und Inhalt sind die drei Hauptelemente einer Problemlösungsbesprechung.

Was ist wohl richtig?

- ○ Nur der Moderator kann und muss sich um alle drei Elemente kümmern.
- ○ Jeder Teilnehmende sollte alle drei Elemente beobachten und beeinflussen.
- ○ Niemand kann sich gleichzeitig um alle drei Elemente kümmern.

Aufgabe 5

Welches sind die wichtigsten Voraussetzungen für einen guten Moderator?

○ umfassende Fachkenntnis
○ hohe betriebliche Position
○ Geschick bei der Förderung von Kooperation
○ Geschick bei der Lenkung zum Ziel hin

Aufgabe 6

Ordnen Sie bitte den folgenden Ausschnitten aus Besprechungen die fünf Besprechungsphasen zu:

1. Problemdefinition
2. Zieldefinition
3. Ursachenanalyse
4. Sammeln und Bewerten von Lösungsvorschlägen
5. Entschlussfassung und Aktionsplan

Beispiel	Phase
a) »Der Vorschlag, einfach abzuwarten, wie sich die wirtschaftliche Lage entwickelt, ist meiner Ansicht nach Vogel-Strauß-Politik. Das ist keine Lösung.«	______
b) »Meine Damen und Herren, ich lese Ihnen nun den Ergebnisbericht vor und bitte Sie, anschließend durch Ihre Unterschrift Ihre Zustimmung auszudrücken.«	______
c) »Zur Ausführung dieser Vorschriften kommen doch die meisten Klagen. Erst danach wird der zusätzliche Personalaufwand genannt.«	______
d) »Es geht darum, einen Weg zu finden, durch den wir verhindern können, dass unsere ausländischen Mitarbeiter zu einer abgekapselten Minderheit werden.«	______
e) »Die Frage, die unsere Runde heute beantworten will, lautet: Wie können wir unsere Besprechungen effizienter und motivierender gestalten?«	______

Aufgabe 7

Sie haben die fünf Phasen eines logischen Besprechungsverlaufes kennengelernt. Wir nennen Ihnen eine charakteristische Tätigkeit aus jeder Phase.

Schreiben Sie die zutreffende Phase bitte jeweils dazu!

a) Beiträge bewerten = ____________________

b) Besprechungsziel erarbeiten = ____________________

c) Ursachen analysieren = ____________________

d) Einigung auf einen Vorschlag = ____________________

e) Probleme in Form von Fragen sammeln = ____________________

Aufgabe 8

Ein Problem rechtfertigt eine Besprechung,

1. wenn ein Problem von der Vielzahl seiner Aspekte her am besten von einer Gruppe behandelt wird,
2. wenn es erforderlich ist, dass die Entscheidung von der ganzen Gruppe getragen wird.

Unter welchem der zwei Gesichtspunkte befürworten Sie bei den folgenden Beispielen eine Besprechung?

(Es können auch beide infrage kommen!)

Problem A:

Soll der Jahresurlaub auf eine andere Zeit gelegt werden?
Warum ist die Besprechung vor allem gerechtfertigt?

____

Problem B:

Soll ein neuer Arbeitsprozess eingeführt werden?
Warum ist die Besprechung gerechtfertigt?

____

Aufgabe 9

Das Problem für eine Besprechung muss so formuliert werden, dass jederzeit eindeutig entschieden werden kann, ob es erreicht ist oder nicht. Außerdem muss es erreichbar sein.

Erfüllen die folgenden Formulierungen diese Forderung? Wenn ja, welche der Formulierungen?

- ○ »Probleme einer Strategie der Öffentlichkeitsarbeit«
- ○ »Mängel bei der technischen Ausführung«
- ○ »Behandlung von Beschwerden unter besonderer Berücksichtigung der Bürgerinitiativen«

Aufgabe 10

Welche der drei folgenden Verhaltensweisen eines Moderators fördert die Zielerreichung der Gruppe am wenigsten?

- ○ Ordnen, klären, Gegensätze verdeutlichen
- ○ Vorschläge machen
- ○ An das Ziel erinnern

Aufgabe 11

(Bitte nur die wichtigste Antwort auswählen!)

Ein Moderator sollte Minoritäten

- ○ beachten.
- ○ überzeugen.
- ○ unterstützen.

Antworten zum Test »Verhalten und Technik in Besprechungen«
Bitte tragen Sie Ihre Antworten in die dafür vorgesehene Spalte ein. Sie können Ihre Lösungen damit leicht mit den richtigen Antworten vergleichen.

Unterschiede zwischen Ihren und unseren Antworten fordern Sie auf, darüber nachzudenken.

Aufgabe	richtige Antwort
1	3 Ursachenanalyse 2 Zielformulierung 4 Sammeln und Bewerten von Lösungsvorschlägen 1 Problemdefinition 5 Entschlussfassung, Aktionsplan
2	Interaktion: c) Zwischenmenschliche Wechselwirkung Prozedur: b) Verfahrensweise der Besprechung Inhalt: b) Zielorientierte Beiträge
3	• persönlich kritisieren • nicht ausreden lassen • Monologe halten • aneinander vorbeireden • indoktrinieren, dominieren • »Haare spalten« • vor einem Problem fliehen, vertagen • unbewiesene Behauptungen aufstellen (bluffen • Einzelfalle verallgemeinern • negativ über das Unternehmen/eine andere Person reden (»Motzen«)
4	Jeder Teilnehmer sollte alle drei Elemente beobachten und beeinflussen.
5	Geschick bei der Förderung von Kooperation, Geschick bei der Lenkung zum Ziel hin.

Aufgabe	richtige Antwort
6	Beispiel a) 4. Sammeln und Bewerten von Lösungsvorschlägen b) 5. Entschlussfassung c) 3. Ursachenanalyse d) 2. Zieldefinition e) 1. Problemdefinition
7	a = 4. Sammeln und Bewerten von Lösungsvorschlägen b = 2. Zieldefinition c = 3. Ursachenanalyse d = 5. Entschlussfassung e = 1. Problemdefinition
8	Problem A: Die Besprechung ist gerechtfertigt, weil die Entscheidung von der ganzen Gruppe getragen werden muss. Problem B: Die Besprechung ist gerechtfertigt, weil wegen der Vielzahl der Aspekte mehrere Fachleute notwendig sind und der neue Prozess von der ganzen Gruppe akzeptiert sein muss.
9	Keine der drei Formulierungen ist eine präzise Problemdefinition für eine Besprechung. Es kann am Ende der Besprechung nicht eindeutig beantwortet werden, ob die Frage beantwortet und das Ziel erreicht wurde oder nicht. Wählen wir zur Begründung das Problem »Mängel bei der technischen Ausführung«: Wissen Sie wirklich, welche von den folgenden Fragen beantwortet werden soll? • Welche technischen Mängel treten auf? • Warum treten technische Mängel auf? • Wie kann man die Mängel beseitigen? • Welchen Verlust brachten die Mängel? • Wie behandelt man die Reklamationen?

Aufgabe	richtige Antwort
	• Sollen mehrere dieser Fragen beantwortet werden? • Sollen vielleicht andere Fragen beantwortet werden? Ziel der Besprechung kann zum Beispiel sein: • die Ursachen für die Mängel sind analysiert und priorisiert, • Lösungen für die wichtigsten Ursachen sind entwickelt, • über das weitere Vorgehen ist entschieden. Alle haben sich auf einen Verantwortlichen geeinigt.
10	Vorschläge machen
11	unterstützen

8.3 Wie sehr habe ich/haben wir Verhalten und Technik in Besprechungen verbessert?

Fragebogen (nach Gerd Schäfer)

Zur Überprüfung ca. 6 Wochen und Einführung der neuen Methode.

Bitte kreuzen Sie auf den nachfolgenden Skalen an, was zutrifft.

- Besprechungen sind jetzt kürzer und zielgerichteter.

positiv verändert 6 5 4 3 2 1 0 wie bisher

- Besprechungen sind jetzt disziplinierter hinsichtlich Wortmeldungen, Unterbrechungen. Mehr positive Interaktionen

positiv 6 5 4 3 2 1 0 wie bisher

- Es wird auf einen optimalen 5-Phasen-Ablauf in den Besprechungen geachtet (Problem definieren, Ziel definieren, Ursachen sammeln, Lösungen sammeln und gewichten. Entschlüsse fassen/Aktionsplan).

positiv 6 5 4 3 2 1 0 wie bisher

- Es wird besser und mehr visualisiert. Das Protokoll ist am Ende der Besprechung visualisiert, mit den Teilnehmern abgestimmt, unterschrieben und ausgehändigt.

positiv 6 5 4 3 2 1 0 wie bisher

- Beiträge sind sachlicher und kürzer.

positiv 6 5 4 3 2 1 0 wie bisher

- Die Qualität der Besprechungsergebnisse ist gestiegen.

positiv 6 5 4 3 2 1 0 wie bisher

- Es sind mindestens zwei Besprechungen auf Häufigkeit der Wortmeldungen, Redezeit und Zahl der Unterbrechungen pro Teilnehmer beobachtet und ausgewertet worden.

ja 6 5 4 3 2 1 0 nein

- Der Gesamtaufwand für Besprechungen (Zahl der Besprechungen, Zahl der Teilnehmer, Zeitaufwand) ist messbar reduziert.

ja 6 5 4 3 2 1 0 nein

Welche zusätzlichen Anmerkungen können Sie machen?

Falls Sie das eine oder andere nicht in die Praxis umsetzen konnten: Was sind die Gründe dafür? (Gründe, nicht Ausreden)

Was veranlassen Sie? Was unternimmt die Gruppe?

Bei guten Vorsätzen hilft nur das Nachsetzen! Wie sagen die Automobilbauer? »No power without traction«!

Zur Erinnerung:
Meetings häufen sich in komplizierten Organisationsformen. Sie dienen dort dem fruchtlosen Versuch, Schnittstellen in Nahstellen zu verwandeln. Reparieren Sie dann als erstes die Organisation!

▶ Wie sehr habe ich/haben wir Verhalten und Technik verbessert

Zum Schluss

Wertschöpfende Besprechungen sind:

- Sorgfältig organisierte Kommunikations-Veranstaltungen in fünf Phasen
- zum verantwortlichen Beantworten präziser, konkreter Fragen
- zum Erreichen messbarer Besprechungs- und Projektziele

Besprechungen sind ein Ort von Führung – gestalten Sie diese so, dass die Führungskultur in Ihrem Unternehmen in jeder Besprechung, in jedem Gespräch transportiert wird.

Die von den Teilnehmern investierte Lebenszeit zielführend zu nutzen, Engagement in der Umsetzung zu bewirken und weiterführende Ergebnisse zu erzielen – die in diesem Buch vorgestellten Methoden sind die Grundlage dafür.

»Zusammenkunft ist ein Anfang.
Zusammenhalt ist ein Fortschritt.
Zusammenarbeit ist der Erfolg.« (Henry Ford)

und sie immer wieder die Frage stellen »Wozu bin ich hier?«

Literaturempfehlungen

Buzan, T.:	Das Mind-Map Buch, MVG-Verlag
Klebert, K. u. a.:	ModerationsMethode

Für eilige Leser:

Klebert, K. u. a.:	KurzModeration
Redlich, A.:	Konfliktmoderation in Gruppen
Thonet, C.:	Agile Meetings und Workshops

Aus der »Grünen Reihe« insbesondere:

Berkel, K.:	Konflikttraining
Bitzer, B.:	Kommunikation macht gesund
Oetting, M.:	Erfolgsfaktor Problemlösung
Crisand, E. u. a.:	Das Mitarbeitergespräch als Führungsinstrument

Alle Checklisten können unter info@manager-training.de als pdf angefordert werden. Ebenso können Fragen zur Anwendung gestellt werden.

Hier finden Sie das Tool zur Qualitätssicherung von Besprechungen:

https://www.manager-training.de/zur-vertiefung-der-inhalte-die-grune-reihe/
→ Besprechungstool
→ Benutzername: Kunde
→ Passwort: Besprechung5%

Broschüren und Plakate zum Thema können per E-Mail an info@manager-training.de bestellt werden.

Über die Autoren

Antje Stroebe

Studium der Wirtschafts- und Sozialwissenschaften in Augsburg.

Zehn Jahre Mitarbeiterin einer großen Bank in Leipzig und Frankfurt am Main. Seit 2001 selbstständig mit Management-Training und Beratung bei Stroebe & Kollegen zu allen Themen rund um die Führungsblume.

Zum Erfolg mit Spannung und Spaß – gerne unterstütze ich Sie beim Erreichen anspruchsvoller Führungsziele durch Training, Coaching und Beratung.

Kontakt:
Reitmorstraße 23, D-80538 München
Telefon +49 89 24245918
antje.stroebe@manager-training.de
www.manager-training.de

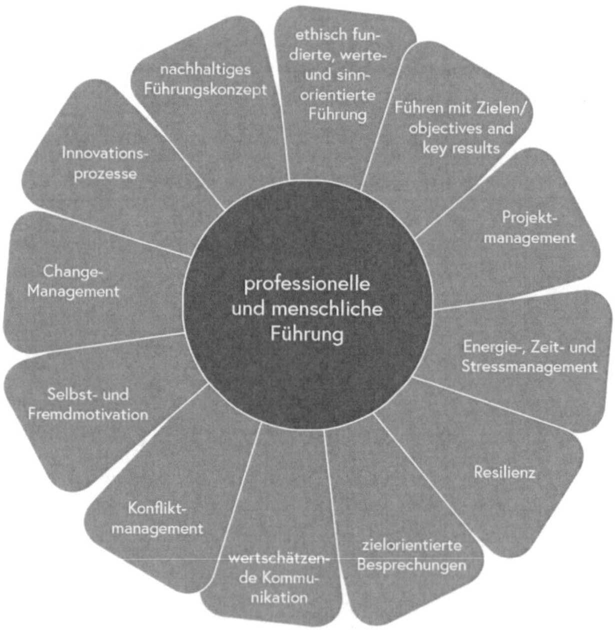

Dr. Rainer W. Stroebe

Studium der (Wirtschafts-) Psychologie in München. Acht Jahre Erfahrung im Führen und als Manager. Selbstständig mit den Schwerpunkten

- Management-Training und -Beratung
- Coaching und Persönlichkeitsentwicklung
- Organisationsentwicklung
- Ausbildung von Management-Trainern

Vision: »Zum Erfolg mit Spannung und Spaß!«

Veröffentlichungen zu Kernthemen des Managements in der »Grünen Reihe« Arbeitshefte Führungspsychologie, EDITION WINDMÜHLE im Feldhaus Verlag (www.gruene-reihe.de).

Im Selbstverlag (mit Antje Stroebe): **Cartoon**buch »Nimm' deine Legende in eigene Hände!«, **Plakate** »Energie- und Zeit-Management« sowie »Besprechungen«, »Projektmanagement«, **Broschüren** zu Führung, Führen durch Zielvereinbarung, Motivation, Management des Wandels, Kommunikation, Verhalten und Technik in Besprechungen, Mitarbeiter-Gespräch, Konflikt-Management, Energie-, Zeit- und Stressmanagement, Unternehmerisch denken und handeln.

Kontakt:
Kuckuckstraße 47, D-82237 Wörthsee
Telefon +49 8153 7685
stroebe@manager-training.de
www.manager-training.de